KB179966

학종
합격
일지

학종
합격
일지

김혜남 지음

지 Jisangsa
상사

추천의 글

학생부 종합전형 준비는 자신의 활동을 체계적으로 관리하고 목표를 달성하는 것이 필수적입니다. 이 책을 통해서 여러분은 자신의 준비 상황을 체크하고 관리하여 최대한의 효과를 얻을 수 있게 될 것입니다. 학생부 종합전형을 준비하는 가운데 어떻게 중심을 잡고 준비해야 할지 한 줄기 빛이 될 것이라데 의심의 여지가 없습니다.

신동원
현 라파엘 프리메디아카데미 운영위원장
전 휘문고 교장
전 서울진학지도연구회 회장

이 책은 단순한 학생부 종합전형 지침서가 아니라, 여러 활동을 효과적으로 관리하고 목표를 달성하는 방법을 제시하는 역할을 합니다. 여러분이 투자한 노력과 시간이 최대한 효과적으로 결실을 맺어 성공적인 입시의 밑거름이 될 것을 확신합니다.

조효완
현 서울교육연구회 미래교육 위원장
전 서울과학기술대 입학사정관실장
전 광운대 입학전형전담 교수 및 한국대학사정관 협의회 회장

고등학교 현장에서 1, 2, 3학년 학생을 모두 학생부 종합전형을 목표로 관리한다는 것이 쉽지 않습니다. 자신의 활동을 체크하면서 활동상황을 관리할 수 있는 지침서가 필요한 이유가 바로 여기에 있습니다. 이 책은 학생부 종합전형을 준비하면서 수행하는 다양한 활동에서 수준이 있는지 대학에서 요구하는 방향으로 향하고 있는지 학생부 종합전형이라는 목표를 달성하는데 필요한 충실한 가이드북이 될 것입니다.

주석훈
현 미림여자고등학교 교장
현 서울특별시 진학연구회 회장
전 인천하늘고등학교 교감

시작하며

한 달에 한두 번 많게는 서너 번씩
자신의 활동을 체크하면서
학종 준비가 제대로 되어가고 있는지

이제 학생부 종합전형(학종)은 거스를 수 없는 대세가 되었습니다. 수시 선발인원에서 차지하는 비중은 물론이고 학생의 잠재력을 최대한 반영하는 근본 취지도 미래사회에서 요구하는 인재상과 맞닿아 있습니다.

학생의 잠재 능력개발을 위해서 다양한 프로그램을 개발하고 충실한 활동이 필수적입니다. 이러한 활동을 하면서 학종은 치밀한 관리가 필요한데, 대부분 학생은 어떻게 준비하고 관리할지 가늠하기 쉽지 않은 상황입니다.

일선 학교의 입장에서도 모든 학생을 효율적으로 관리하여 목표를 성취하게 하기가 쉽지 않습니다. 그렇기에 학종 준비가 잘 되고 있는지 스스로 체크하고 관리하는 노력이 필요하고 이러한 활동을 확인할 수 있는 워크북 겸 책에 대한 수요가 요구되는 것도 사실입니다.

1, 2학년 학생은 1년 내내, 3학년은 2월부터 수능 전인 11월까지 자신의 활동을 체크하면서 활동상황을 관리할 수 있는 지침서가 필요한 이유가 바로 여기에서 파생됩니다.

이 책은 학생부 종합전형을 준비하면서 수행하는 다양한 활동에서 성과의 수준이 있는지 대학에서 요구하는 방향으로 향하고 있는지 학생부 종합전형이라는 목표를 달성하는 방법이 되도록 충실한 가이드북이 될 것입니다.

이러한 활동은 3학년에게만 필요한 것이 아니라 1, 2학년에서부터 꾸준히 충실하게 이루어져야 할 것입니다. 그렇기에 이 책은 단순한 지침서가 아니라, 여러 활동을 효과적으로 관리하고 목표를 달성하는 방법을 제시하고 있다고 볼 수 있습니다.

꾸준히 자신의 활동을 체크하고 돌이키다 보면, 자신의 학생부 종합전형 준비도 체크하는데 도움이 될 것입니다. 여러분이 투자하는 노력과 시간은 학생부 종합전형을 준비하는데, 최대한 효과적으로 활용될 것입니다.

적게는 한 달에 한두 번 많게는 서너 번씩 자신의 활동을 체크하면서 학생부 종합전형 준비가 제대로 되어가고 있는지 가늠할 수 있도록 구성되어 있습니다. 학교의 관리를 받는 학생이나 그렇지 못한 학생들도 충실히 기록하며 객관적으로 관찰하다 보면 학생부 종합전형에 대한 확신을 가지고 준비할 수 있을 것입니다.

저자 **김혜남**

차례

위밍업

학생부 종합전형

09월 수시납치

10월 문과침공

02월

위밍업

학생부 종합전형 경쟁력 높이기

›· 상위권 대학은 학업 성취도를 더욱 중요시

›· 관심 분야에서 주도적으로 탐색하는 열정을 보여야…

›· 지식과 기능을 심도 있게 적용하고 응용하라

변화하는 진로의 추세

›· 전공을 뛰어넘는 역량을

학종 경쟁력을 극대화하기 위해서

›· 학교의 역량과 맞물려야

›· 다양한 프로그램의 홍수

›· 학교 활동이 학업역량으로 연계되어야

저학년 때부터 진로를 강요하는 것이 합당한지 다양한 체험한 후에 고등학교 3학년에 가서 진로를 결정짓는 것이 바람직하다는 논란도 증폭된다. 대학처럼 다양한 과목을 이수하고 진로를 선택하는 것과는 반대의 상황이다. 학종을 대비하기 위해서는 학생들은 진로를 조기에 결정하는 것이 바람직하다는 인식이 높다. 1학년 가을에 선택과목을 결정하기 위해서는 중학교 때부터 진로에 대해 고민해야 한다. 행정상의 편의로 진로탐색을 하지 않으면, 안 되는 분위기가 형성되고 있다.

2025학년도 대학입학 전형 일정

구분		2025학년도
학생부 작성 기준일	수시모집	2024. 08. 31(목)
	정시모집	2024. 11. 30(목)
수시모집	원서접수 기간	2024. 09. 09(월) ~ 13(금) 중 3일 이상
	전형 기간	2024. 09. 14(토) ~ 12. 12(목) (90일)
	합격자 발표	2024. 12월 13(금)까지
	등록 기간	2024. 12. 16(월) ~ 18(수) (3일)
	미등록 충원 합격 통보 마감	2024. 12. 26(목) (합격자 발표 18시까지) ※홈페이지 발표는 14시까지, 14~18시까지는 개별 통보만 가능함.
	미등록 충원 등록 마감	2024. 12. 27(금) 22시까지
정시모집	원서접수 기간	2024. 12. 31(화) ~ 2025. 01. 03(금) 중 3일 이상
	전형 기간 가군	2025. 01. 07(화) ~ 14(화) (8일)
	전형 기간 나군	2025. 01. 15(수) ~ 22(수) (8일)
	전형 기간 다군	2025. 01. 23(목) ~ 02. 04.(화) (13일)
	합격자 발표	2025. 02. 07(금)까지
	등록 기간	2025. 02. 10(월) ~ 12(수) (3일)
	미등록 충원 합격 통보 마감	2025. 02. 19(수) (합격자 발표 18시까지) ※홈페이지 발표는 14시까지, 14~18시까지는 개별 통보만 가능함.
	미등록 충원 등록 마감	2025. 02. 20(목) 22시까지
추가모집	원서접수, 전형일, 합격자 발표, 등록	2025. 02. 21(금) ~ 28(금) ※합격 통보 마감 : 2025. 02. 28(금) 18:00까지 ※홈페이지 발표는 14시까지, 14~18시까지는 개별 통보만 가능함.
	등록 마감	2025. 02. 28(금) 22시까지

학종활동 자기관리 기록지 ❶　　예시　　(　월　일 ~ 　월　일)

분야	내용	구체적 활동 내용				
교과 수업 (공통 과목/ 일반 선택 과목/ 진로 선택 과목)	세부 활동 내용 (주요 교과 포함 전 교과)	활동내용	Ⓐ/B/C/D/E	활동내용	A/Ⓑ/C/D/E	
		성적의 성취도	A/Ⓑ/C/D/E	전공관련 과목이수	A/B/Ⓒ/D/E	
		성적 향상정도	Ⓐ/B/C/D/E	학습위계 정도	Ⓐ/B/C/D/E	
		교과활동 충실도	Ⓐ/B/C/D/E	이수교과의 학업성취	A/B/Ⓒ/D/E	
		활동의 일관성	Ⓐ/B/C/D/E	교과활동 충실도	A/Ⓑ/C/D/E	
		다른교과와 연계	A/B/Ⓒ/D/E	학년별 심화·확장	A/Ⓑ/C/D/E	
	발표	주제	소득 불평등과 그 해결방안	내용	경제적 불안정성, 사회적 갈등, 교육 및 건강 격차 등의 문제가 발생할 수 있다.	
		주장	-경제성장의 효과를 희생 -사회적 기회의 불평등 -사회적 통합의 어려움	해결책 제시	-교육, 건강, 주거 등 사회보장 강화 -노동시간의 투명성 증가 -교육 기회에 대한 평등을 확보	
	토론	주제	인공지능의 윤리적인 사용	쟁점	-개인정보 보호 -일자리 변화 -알고리즘 편향	
		질문	-개인정보 문제와 일자리 변화는 어떻게 해결할 수 있을까?	자신의 주장	인공지능의 발전을 지지하되. 개인정보 보호와 일자리 변화에 대한 강력한 규제 및 대응책이 필요함	
		반론	규제가 지나치게 강화되면 혁신과 발전이 어려워 질 수 있고 경제적 성장을 제한할 수 있음	대안 제시	효과적인 개인정보 보호 및 일자리 대응을 위해 다중 이해 관계자간의 협력이 중요	

학종활동 자기관리 기록지 ❷ 예시 (월 일 ~ 월 일)

세부활동 내용	1회	2회	3회	세부활동 내용	1회	2회	3회	세부활동 내용	1회	2회	3회
정리설명			✓	문제제기		✓		개선안 제안		✓	
비교설명			✓	개선촉구		✓		문제점 제시	✓		
PPT발표		✓		보고서 작성	✓			해결책 제시	✓		
진로연결		✓		다른시각 제시		✓		지식의 실생활활용	✓		
정책제시	✓			비판적 질문	✓			연계적 질문	✓		
과제물 완성			✓	협력 글쓰기		✓		사례적용		✓	
논리적 반박		✓		자료활동		✓		비교분석		✓	
개선촉구		✓		서평쓰기	✓			반론제기	✓		
관심확장	✓			질문생성		✓		교과융합	✓		
조사활동		✓		탐구활동		✓		심화활동		✓	
관점표명		✓		내용비교		✓		실험 설계수행		✓	

학종활동 자기관리 기록지 ❸   예시   (월 일~ 월 일)

분야	내용	구체적 활동내용		
독서	독서 동기	'아웃라이어' : 성공의 비결을 탐험하고, 다양한 관점에서 성공과 연관된 요소들을 고찰하기 위해서	진로/학업 연관성	-성공에 대한 관점 확장 -자신의 노력이 어떻게 성과에 영향을 미칠 수 있는지에 대해 고찰
	지식 확장	-유명한 성공사례를 조사하고 성공비결에 대한 발표나 토론을 통해 깊게 이해 -통계학, 사회학, 심리학 등과 관련된 추가 독서	교과/진로 심화독서	-다양한 도서를 참조하여 해당 분야의 전문성을 키우고 새로운 아이디어를 습득 -진로에 대한 목표를 더 명확히 설정하고, 전문성을 향상
탐구 보고서	탐구 이유	-식물의 생존과 적응력을 향상시키는 가능성 -작물 보호 및 생산성 향상과 같은 실제적인 문제에 대한 해결책	탐구주제	식물의 면역체계 : 생존과 성장에 중요한 역할을 하는 중요한 생리학적 측면
	연관 교과	-생물학 : 세포 생물학, 유전학, 분자생물학 -생태학 : 식물이 환경과 상호작용하면서 면역체계의 변화연구	제언 및 후속탐구	-식물 유전체 연구 -환경 스트레스와의 상호작용 연구 -바이러스 및 세균에 대한 식물의 면역 메커니즘 연구
창체 활동	활동 내용	프로젝트 기반학습: '지속가능한 도시 디자인' 프로젝트에서 도시의 인프라, 환경, 사회적 측면을 고려하여 지속 가능한 모델개발	학업/진로 연계활동	산업체 현장실습: 실무경험을 쌓으며 전공지식을 실제 상황에 적용
	심화 탐구	팀워크와 소통능력을 키우고 직무역량을 향상시킴으로 총체적 학습 경험을 제공하여 학문과 협업을 연계하여 전문성을 강화	활동의 연관성	프로젝트를 통해 이론적 지식을 실제로 적용하고 문제해결능력을 키우게 됨
공동체 역량	경청/ 공감	학급회의에서 다른 학생의 의견을 주의 깊게 듣고, 다양한 의견을 존중하고 이해하려는 자세를 보임	정보와 생각전달	팀원들의 의견을 이해하려고 노력하고, 효과적인 언어를 활용하여 원활한 소통이 이루어지도록 노력함
	협업	팀원들과 의견을 조율하고, 각자의 강점을 활용하여 공동의 목표를 달성함	계획실행 주도경험	학업 일정을 세우고 그에 맞춰 공부계획을 실천함. 계획하고 실행하는 과정에서 책임감을 가짐

학종활동 자기관리 기록지 ❶   02월 ___주   (월 일 ~ 월 일)

분야	내용	구체적 활동 내용				
교과 수업 (공통 과목/ 일반 선택 과목/ 진로 선택 과목)	세부 활동 내용 (주요 교과 포함 전 교과)	활동내용	A / B / C / D / E	활동내용	A / B / C / D / E
		성적의 성취도	A / B / C / D / E	전공관련 과목이수	A / B / C / D / E
		성적 향상정도	A / B / C / D / E	학습위계 정도	A / B / C / D / E
		교과활동 충실도	A / B / C / D / E	이수교과의 학업성취	A / B / C / D / E
		활동의 일관성	A / B / C / D / E	교과활동 충실도	A / B / C / D / E
		다른교과와 연계	A / B / C / D / E	학년별 심화 · 확장	A / B / C / D / E
	발표	주제		내용	
		주장		해결책 제시	
	토론	주제		쟁점	
		질문		자신의 주장	
		반론		대안 제시	

학종활동 자기관리 기록지 ❷

02월
___주   (월   일 ~   월   일)

세부활동 내용	1회	2회	3회	세부활동 내용	1회	2회	3회	세부활동 내용	1회	2회	3회
정리설명				문제제기				개선안 제안			
비교설명				개선촉구				문제점 제시			
PPT발표				보고서 작성				해결책 제시			
진로연결				다른시각 제시				지식의 실생활활용			
정책제시				비판적 질문				연계적 질문			
과제물 완성				협력 글쓰기				사례적용			
논리적 반박				자료활동				비교분석			
개선촉구				서평쓰기				반론제기			
관심확장				질문생성				교과융합			
조사활동				탐구활동				심화활동			
관점표명				내용비교				실험 설계수행			

학종활동 자기관리 기록지 ❸ ___주 (　월　일～　월　일)

분야	내용	구체적 활동내용		
독서	독서 동기		진로/학업 연관성	
	지식 확장		교과/진로 심화독서	
탐구 보고서	탐구 이유		탐구주제	
	연관 교과		제언 및 후속탐구	
창체 활동	활동 내용		학업/진로 연계활동	
	심화 탐구		활동의 연관성	
공동체 역량	경청/ 공감		정보와 생각전달	
	협업		계획실행 주도경험	

학종활동 자기관리 기록지 **1**   02월 ___주   (　 월 　 일 ~ 　 월 　 일)

분야	내용	구체적 활동 내용				
교과 수업 (공통 과목/ 일반 선택 과목/ 진로 선택 과목)	세부 활동 내용 (주요 교과 포함 전 교과)	활동내용	A / B / C / D / E	활동내용	A / B / C / D / E
		성적의 성취도	A / B / C / D / E	전공관련 과목이수	A / B / C / D / E
		성적 향상정도	A / B / C / D / E	학습위계 정도	A / B / C / D / E
		교과활동 충실도	A / B / C / D / E	이수교과의 학업성취	A / B / C / D / E
		활동의 일관성	A / B / C / D / E	교과활동 충실도	A / B / C / D / E
		다른교과와 연계	A / B / C / D / E	학년별 심화 · 확장	A / B / C / D / E
	발표	주제		내용	
		주장		해결책 제시	
	토론	주제		쟁점	
		질문		자신의 주장	
		반론		대안 제시	

학종활동 자기관리 기록지 ❷   02월 ___주   (월 일~ 월 일)

세부활동 내용	1회	2회	3회	세부활동 내용	1회	2회	3회	세부활동 내용	1회	2회	3회
정리설명				문제제기				개선안 제안			
비교설명				개선촉구				문제점 제시			
PPT발표				보고서 작성				해결책 제시			
진로연결				다른시각 제시				지식의 실생활활용			
정책제시				비판적 질문				연계적 질문			
과제물 완성				협력 글쓰기				사례적용			
논리적 반박				자료활동				비교분석			
개선촉구				서평쓰기				반론제기			
관심확장				질문생성				교과융합			
조사활동				탐구활동				심화활동			
관점표명				내용비교				실험 설계수행			

학종활동 자기관리 기록지 ❸ 02월 ___주 (월 일 ~ 월 일)

분야	내용	구체적 활동내용		
독서	독서 동기		진로/학업 연관성	
	지식 확장		교과/진로 심화독서	
탐구 보고서	탐구 이유		탐구주제	
	연관 교과		제언 및 후속탐구	
창체 활동	활동 내용		학업/진로 연계활동	
	심화 탐구		활동의 연관성	
공동체 역량	경청/ 공감		정보와 생각전달	
	협업		계획실행 주도경험	

학생부 종합전형 경쟁력 높이기

상위권 대학은
학업 성취도를 더욱 중요시

상위권 주요 대학들은 학업역량을 더 중점적으로 판단하는 경향이 있다. 학생들이 대학에서 학업을 성취하는데 기본적인 학업 수준이 중요하다고 판단하기 때문이다.

학업 성취도는 기존의 평가와 마찬가지로 정량적으로만 판단되지 않는다. 기초 교과인 국어, 영어, 수학과 탐구 교과인 사회/과학도 정성적으로 평가에 취지는 변화가 없다. 석차등급, 원점수뿐 아니라, 평균, 표준편차, 이수 과목, 이수자 수 등이 정성평가를 지표로 종합적으로 활용된다.

예술·체육, 기술가정/정보, 제2외국어/한문, 교양도 무시하면 안 된다. 이러한 과목들은 교양인으로서 갖추어야 할 과목으로 인식하고 기초 교과와 함께 평가되기 때문이다. 그렇기에 교과과목뿐 아니라 비교과 과목에서 소홀한 과목이 있다면 평가에 불이익이 있을 수 있다.

학생들은 학생부 종합전형(학종)으로 지원할 때 등급이 높으면 합격의 가능성이 높을 것이라고 기대한다. 하지만 대학은 단순한 등급으로 평가하기보다는 교과의 성취 수준이나 학업의 발전 정도에 관심을 가진다.

희망 진로와 연계되어 성취 수준이 향상되어야 한다. 희망 전공과 연계된 과목을 예의 주시하기 때문이다. 경제학과의 경우 관련 교과인 수학과 경제 과목의 성취 수준을 고려하면서 종합적으로 판단한다.

정의	고교 교육과정에서 이수한 교과의 성취수준이나 학업발전의 정도
세부평가 내용	• 대학 수학에 필요한 기본 교과목(예: 국어, 수학, 영어, 사회/과학 등)의 교과성적은 적절한가? 그 외 교과목(예: 예술·체육, 기술가정/정보, 제2외국어/한문, 교양 등)의 교과성적은 어느 정도인가? 유난히 소홀한 과목이 있는가? • 학기별/학년별 성적의 추이는 어떠한가?

학년이 높아지면서 성적이 향상되는 모습을 주시하며 학업 내용이 희망 전공과 어느 정도 연계가 되어 있는가에 대한 고려도 중요시해야 한다. 대학이 학년이나 학기에 따른 성적의 변화도 관심 있게 바라보기 때문이다. 자신의 부족한 활동을 파악하여 집중적으로 보완하는 노력을 기울이는 것이 경쟁력 있는 생기부로 인정받을 수 있다.

관심 분야에서 주도적으로
탐색하는 열정을 보여야…

학생들은 다양한 형태의 수업에서 교과 내용을 바탕으로 다양한 활동을 수행한다. 토론과 탐구, 연구 활동, 글쓰기 그리고 실험 실습 등의 다양한 형태의 수업에 참여한다. 이러한 수업에서 교과 내용을 바탕으로 다양한 활동을 수행하는데, 적극적이고 자발적인 활동을 하도록 요구된다. 이러한 성취 과정 속에서 새로운 지식을 획득하기 위해 자기 주도적으로 노력을 기울이는지 대학은 유심히 살펴본다.

정의	학업을 수행하고 학습해 나가려는 의지와 노력
세부평가 내용	• 성취 동기와 목표의식을 가지고 자발적으로 학습하려는 의지가 있는가? • 새로운 지식을 획득하기 위해 자기 주도적으로 노력하고 있는가? • 교과 수업에 적극적으로 참여해 수업 내용을 이해하려는 태도와 열정이 있는가?

학교 수업의 과제 수행과정에서 지적 호기심을 드러낸다. 학생들은 다양한 방법으로 성취 수준을 높이고 문제를 해결하기 위해서 노력을 기울인다. 학업 능력을 향상하기 위해 노력하고, 스스로 탐구하고 이해하려는 과정에서 학업에 대한 태도와 열정이 드러난다. 대학은 교과 수업에 적극적으로 참여해 수업 내용을 이해하려는 태도와 열정을 드러낼 때 의미 있게 평가한다.

학생이 관심 있는 분야에서 주도적으로 탐색하려고 할 때 접할 수 있는 수단이 독서다. 독서 활동을 통하여 배운 내용을 지적 호기심을 발휘하여 더욱 심화 발전시키려 할 때 지적인 발전이 이루어진다.

이러한 노력은 세부능력 및 특기사항, 행동특성 및 종합의견 등에 기록될 수 있기에 학생들은 이를 최대한 활용해야 한다. 그리고 대학은 진로역량에서와 마찬가지로 독서 활동을 주시하며 간접적인 평가로 활용한다는 것을 꼭 유념해야 한다.

지식과 기능을 심도 있게
적용하고 응용하라

교과 활동에서 토론, 실험, 연구, 탐구 활동을 통해 지적 호기심을 충족하고, 다른 프로그램으로 관심을 확장하면서 심도 있게 역량을 키우도록 권장한다. 이런 활동을 수행하면서 드러나는 탐구력은 대학이 활용하는 중요한 평가항목이다.

이러한 학생들이 다양한 학습활동에 적극적으로 참여하여 지식의 폭을 넓히며 지적인 관심을 충족하려고 노력하기 때문이다. 이러한 노력이 대학에 들어와서 학업을 이수하는데 필요한 역량을 향상시킬 수 있다고 기대한다.

정의	지적 호기심을 바탕으로 사물과 현상에 대해 탐구하고, 문제를 해결하려는 노력
세부평가 내용	• 교과와 각종 탐구활동 등을 통해 지식을 확장하려고 노력하고 있는가? • 교과와 각종 탐구활동에서 구체적인 성과를 보이고 있는가? • 교내 활동에서 학문에 대한 열의와 지적 관심이 드러나고 있는가?

　　하지만 단순한 탐구 활동에 의미를 부여하지 않는다. 다양한 학습활동에서 학습한 지식과 기능을 적용하고 활용하려는 노력을 높이 평가한다. 즉 교과에서 배운 내용을 가지고 연계적으로 질문을 하고, 새로운 방법으로 문제를 해결하려고 할 때 의미 있게 평가한다. 이러한 탐구 활동에 자발적으로 참여하여 구체적인 성과를 보여줄 때 대학은 학생에 대해 깊은 관심을 갖는다.

　　탐구력을 보여줄 수 있는 중요한 활동 중의 하나가 수행평가이다. 창의적 체험활동을 통해서도 궁금증을 해결하기 위해 지식을 탐구하고 확장하려는 의지와 관심을 보여줄 수 있다. 이처럼 학교프로그램과 연계된 다양한 탐구 활동에서 학문에 대한 열의와 지적인 관심을 보여줄 때 대학은 의미 있게 판단한다는 것을 유념해야 한다.

변화하는 진로의 추세

진로교육이 명실상부한 대세가 되었다. 학생들이 주도적으로 진로와 연관된 과목을 선택하고 자신의 소질과 적성을 발휘하여 직업 세계를 이해하면서 자신의 미래를 설계하도록 요구된다.

진로는 자신의 성향과 비교우위를 제대로 파악하는 데서 출발한다. 그 시점은 학생마다 다를 수밖에 없다. 하지만 현실적으로 학생들이 진로를 결정하는데 시간을 두고 따질 여유가 없다. 1학년 여름방학이 끝나기 전에 2학년의 선택과목을 결정해야 한다. 기한을 정해 놓고 진로지도가 끝내야 되고 어떤 과목이든 선택해야 된다.

대입의 중요성을 고려하면 중학교 때 이미 고등학교에 올라가서 선택할 교과목을 개설하는 고등학교를 조사하는 것도 도움이 된다. 종합전형에 대비하기 위해서는 진로와 관련성이 높은 과목을 선택하여 집중적으로 학습해야 하기 때문이다.

저학년 때부터 진로를 강요하는 것이 합당한지 다양한 체험한 후에 고등학교 3학년에 가서 진로를 결정짓는 것이 바람직하다는 논란도 증폭된다. 대학처럼 다양한 과목을 이수하고 진로를 선택하는 것과는 반대의 상황이다.

학종을 대비하기 위해서는 학생들은 진로를 조기에 결정하는 것이 바람직하다는 인식이 높다. 1학년 가을에 선택과목을 결정하기 위해서는 중학교 때부터 진로에 대해 고민해야 한다. 행정상의 편의로 진로탐색을 하지 않으면, 안 되는 분위기가 형성되고 있다.

〈변화되는 진로의 추세〉

1. 과학, 기술, 공학, 수학 분야의 취업 기회와 연봉이 높아지고 있다.

2. 마케터, 블로거, 유튜버, 인플루언서 등 직업 선택의 폭이 넓어지고 있다.

3. 직장보다 창업을 선택하는 경우가 늘어나고 있다.

4. 직장에서 유연한 일자리와 원격근무 문화가 중요시되고 있다.

5. 사회적 책임을 고려한 직업 선택이 더욱 중요시되고 있다

6. 인공지능, 로봇공학 등 기술발전으로 일부 직업은 사라지거나 변화하고 있다.

학종에서 경쟁력을 높이기 위해서 진로와 벗어나거나 정한 진로를 중간에 바꾸는 것은 불리하다고 생각하기도 한다. 전공 관련 교과 및 이수와 비교과 활동이 높게 평가받을 수 있다는 인식 때문이다.

그런데 이러한 방향이 사회의 요구와 부합할까 생각하면 의문시되는 점이 한두 가지가 아니다. 지금 사회는 한가지의 전공만을 요구하지 않는다. 오히려 다른 전공에서 필요한 역량이 복합적으로 요구된다.

대학교에서도 다전공제도, 연계전공제도, 전과제도 등이 활성화되어 있고 학과의 벽을 넘나들도록 요구되고 있다. 그렇기에 대학진학 후 저학년 때 다양한 탐색을 하고 이후에 전공 및 학과를 선택하도록 권장되고 있다.

대학교 때 배운 지식이 기업에 들어갈 때 즈음에는 활용하지 못할 정도로 기술의 변화가 급속히 진행되는 시대에 살고 있다. 한가지 진로에 몰입하기에는 시대가 너무 빠르게 변하고 있다.

기술발전으로 일부 직업은 사라지거나 급속히 변화하고 있다. 또한 쳇GPT의 출현으로 일반 사무직원이나 전문직들이 짐을 싸고 있다. 웹툰작가와 작사가들의 영역뿐 아니라 의료업의 영역도 위협받고 있다. 진로의 트랜드는 상상하지 못한 분야와 속도, 다른 양상을 띠고 있다.

전공을 뛰어넘는 역량을

다른 직업 간 협업이 증가하는 추세이다. 그렇기에 다른 소질과 적성을 계발하고, 유사한 전공뿐 아니라 다른 전공에도 관심을 가지는 것이 도움이 된다. 문과 이과를 구별하지 않고 통합해서 선발하는 대학도 있다. 서울대도 입학정원의 15%를 무전공으로 선발한다는 방침을 밝혔다.

그리고 서강대처럼 복수전공을 하지 않으면 졸업이 구조적으로 불가능한 대학도 있다. 계열, 전공에 관계없이 학문의 벽을 뛰어넘어 전공을 3개까지 선택할 수 있는 다전공제도를 시행하고 있다.

〈전공 적합성에 대한 대학의 입장〉

- 서울대는 전공 적합성을 평가의 대상으로 여기지 않는다. 학생의 전공은 대학에 입학해서도 얼마든지 바뀔 수 있다고 여긴다. 중요한 것은 열정과 관심을 갖고 탐구 활동에 자기 주도적으로 활동했는가다.
- 서강대는 학종 서류평가 시 전공 적합성을 평가하지 않는 대표적인 대학이다. 서강대는 학업 역량, 인성, 성장 가능성 3가지 평가요소를 고려하여 종합적으로 평가한다. 이런 취지에 부합하듯 모든 전형에서 교차지원이 가능할 정도로 융합형 인재 양성을 목표로 한다.

한 가지 전공에만 매몰되는 것이 학문의 발전을 막는다고 학문의 칸막이를 터야 된다고 외치는 것이 대학이다. 대학교수들도 다른 전공의 교수들과 활발히 교류해야 학문이 발전한다고 하지 않던가.

따라서 학생들이 다른 소질과 적성을 계발하고, 유사한 전공뿐만 아니라 다른 전공에도 관심을 가지며, 대학에서 주전공뿐만 아니라 부전공, 복수전공을 이수하도록 지원하고 있다.

그렇기에 대학들이 주시하는 것처럼 전공보다 계열을 중시하는 흐름을 주시해야 한다. 이제는 한발 더 나아가서 진로에 대한 탐색과 노력으로 충분한 것으로 인식되고 있다. 서울대의 한 교수의 말씀도 귀담아들어야 한다.

"학생들이 고교에서 전공과 관련해서 공부하고 활동을 하면 얼마나 하겠습니까. 기초학력을 튼튼히 쌓고 대학에 와서 전공공부를 해도 충분합니다. 오히려 기초학력이나 탄탄히 쌓아서 올려 보내주세요."

세상이 바뀌고 있기에 대학도 관점을 바꾸지 않으면 경쟁력을 확보하기 힘들다. 소프트웨어 엔지니어가 되고 싶은데, 그래서 나는 영어영문학과를 간다고 할 수 있다는 것이다. 중요한 것은 관심이 있느냐 없느냐이고 무엇을 하고 싶고 어떤 도전을 했는가가 굉장히 중요한 포인트이다.

일반적으로 생각하는 관련성과 연관성이 꼭 필요한 것은 아니라는 것으로 이해할 필요가 있다. 진로는 다른 전공들의 역량이 복합적으로 요구되거나 다른 직업 간 협업이 증가하는 추세이기 때문이다.

고등학교 3년 동안 한 가지의 진로에 갇히기보다는 다양한 진로를 경험하고 핵심역량을 키우는 노력도 높이 평가된다. 대입트랜드는 바뀌고 선택할 진로는 바뀔 수 있지만, 사회에서 요구되는 인재상은 변하지 않기 때문이다.

학종 경쟁력을
극대화하기 위해서는

대입을 준비할 때 내신이 부족하다든지, 수능의 경쟁력이 약하든지 할 때 지푸라기라도 잡는 심정으로 학종을 고려하는 학생들이 상당수 있다. 사실상 모든 학생이 학종에 적합한 것은 아니다.

논술에 적합한 학생도 있고, 정시에 적합한 학생도 있다. 모든 학생이 학종에 적합한 것도 아니기에 학종에 몰입할 필요가 없다. 수능으로 가능성이 있는데 분위기에 휩쓸려 학종 준비에 많은 시간을 할애하다가 학종에서 실패하고 나중에 정시에서도 실패하는 경우도 많다.

혼자서 모든 가능성을 파악하기란 쉽지 않다. 자신의 내신 성적이 희망하는 대학에서 요구하는 수준을 충족시킬 수 있는지, 학종의 평가요소에 충분히 역량을 보여줄 수 있는지 교사와의 소통을 통해서 가능성을 판단하는 것이 중요하다. 단위학교는 그동안 쌓인 데이터가 많기에 무슨 전형으로, 무슨 전략으로 합격할 수 있을지 고등학교의 노하우가 합격의 토대가 될 수 있다.

학교의 역량과 맞물려야

고등학교 입학 초기부터 다양한 비교과를 챙기면서 학종에서 자신의 강점을 키워나가는 노력은 필수적이다. 출중한 진학실적을 올리는 학교는 변화무쌍한 입시제도를 파악하여 학생들을 맞춤형으로 지도하려고 헌신을 기울인다. 학교는 진학역량을 강화하여 학생들의 입시역량을 향상시키려고 집중하는데 이러한 노력과 무관하게 움직이면 결실이 맺어지기란 쉽지 않다.

학종을 대비하여 교사들의 능력과 열정 그리고 학생의 역량에 관심을 최대한 발휘하여 역량을 키우는 학교가 좋은 실적을 보여주는 것은 물론이다. 이런 학교들은 다양한 교육 활동을 수행하면서 학생들을 세밀하게 관찰하고 차별화된 특징을 기록해 주는데 남다른 노하우를 보이는 역량이 극대화된 학교들이다.

이러한 학교들은 입시의 변화에 대한 마인드를 갖추어 대학의 입시요강을 철저히 분석하고 대학의 인재상을 파악한다. 이러한 외형적인 것뿐만 아니라 학생의 잠재력을 찾아내려고 고심한다. 수업 활동을 통해서 수행된 활동 중 차별화된 특징을 파악하여 생기부에 빠짐없이 기록해 주려고 고심한다. 세밀한 관찰과 기록을 위해서 지속적인 상담이 수반되는 것은 물론이다.

다양한 프로그램의 홍수

학종에 대한 일선 고교의 의지는 예년과는 확연히 다르다. 다른 학교의 프로그램을 벤치마킹하면서 다양한 프로그램을 설치하여 학생들의 역량과 끼를 발산하도록 유도한다. 하지만 한 가지 지적하지 않을 수 없는 것은 서로 비슷한 프로그램을 획일적으로 받아들여 운영하는 학교의 경우 한계가 될 수 있다는 것을 지적하지 않을 수 없다.

1, 2학년 때부터 충실히 수업 활동을 하고 학교에 정착된 프로그램 속에서 성장하는 모습이 비쳐져야 한다. 학생들이 차곡차곡 활동을 챙겨나가면서 활동의 내용이 충실하게 기록되지만 이러한 활동이 하나의 단절된 프로그램으로 끝나는 경우도 많다.

다양한 프로그램의 홍수 속에서 허우적거릴 정도로 형식적으로 운영되는

우를 저지를 때 문제가 심각해진다. 소위 양은 많지만, 질적인 수준이 담보되지 못하면 눈길을 끌지 못하여 결실을 맺기 힘들 수 있다. 과연 학생의 잠재력이 발휘될 수 있을지 의문이 제기되는 부문이다. 똑같은 프로그램이라도 학생 고유의 특성과 과정을 보여주는 것이 중요하다.

학교 활동이 학업역량으로 연계되어야

수업이 토론과 발표로 진행되는 학교들이 늘어나고 있다. 주제에 따라 조를 나누고 연구하며 토론하는 과정을 지속적으로 수행한다. 여기에 그치지 않고 이러한 활동을 통해서 촉발된 지적 호기심이 심화되어 과제연구로 연결되기도 하고 결과물이 산출된다. 이러한 지속적인 활동이 담보될 때 대학이 주목하지 않을 수 없다.

그렇기에 학교는 수업에서 이루어진 활동이 탐구 활동이나 진로 활동을 통해 연계되고 지속될 수 있도록 장을 만들어 주는 것이 매우 중요하다. 수업에서 촉발된 내용을 바탕으로 조사하고 연구하는 과정이 지속적으로 수행되어야 한다.

의미 있는 프로그램이 장기간 운영되고, 지속적으로 관리되면서, 그 속에서 학업역량이 향상되는 것이 중요하다. 경쟁력 있는 대학은 탄탄한 교과역량을 바탕으로 다양한 현상이나 상황에 대해서 사고력과 학업역량이 연계되어 심화되고 있는지 높은 관심을 보이기 때문이다.

03월

학생부 종합전형

스스로 관리하는 학종 경쟁력

>• 탄탄하고 심도 있게

>• 유기적으로 연계되어야

어떠한 입시도 꿰뚫는 근본 역량

>• 기초가 탄탄해야 심화도 탄탄

>• 심도 있는 탐구역량을 보여주어야

수업을 열심히 듣고 교실은 토론과 발표로 불꽃 튀는 장이
익숙한 환경이다. 학종이 고교교육의 바람직한 변화를 초
래하는 것은 사실이다. 하지만 활동만 하면 학종의 합격이
보장될 것 같은 마인드에서 흥분을 가라앉히고 냉정하게
생각해 볼 필요가 있다. 어떤 입시제도이건 기본적인 학업
을 열심히 수행하지 않으면 성취되는 것은 없기 때문이다.
학습한 내용을 열심히 복습하고 반복 학습을 통하여 자기
것으로 만들고 학습한 내용을 응용하고 적용해야 학종에
서 중시되는 탐구역량을 키울 수 있다.

학종활동 자기관리 기록지 **1**   03월 **1**주   (월 일~ 월 일)

분야	내용	구체적 활동 내용				
교과 수업 (공통 과목/ 일반 선택 과목/ 진로 선택 과목)	세부 활동 내용 (주요 교과 포함 전 교과)	활동내용	A / B / C / D / E	활동내용		A / B / C / D / E
		성적의 성취도	A / B / C / D / E	전공관련 과목이수		A / B / C / D / E
		성적 향상정도	A / B / C / D / E	학습위계 정도		A / B / C / D / E
		교과활동 충실도	A / B / C / D / E	이수교과의 학업성취		A / B / C / D / E
		활동의 일관성	A / B / C / D / E	교과활동 충실도		A / B / C / D / E
		다른교과와 연계	A / B / C / D / E	학년별 심화 · 확장		A / B / C / D / E
	발표	주제		내용		
		주장		해결책 제시		
	토론	주제		쟁점		
		질문		자신의 주장		
		반론		대안 제시		

학종활동 자기관리 기록지 ❷

03월 __1__ 주 (___ 월 ___ 일 ~ ___ 월 ___ 일)

세부활동 내용	1회	2회	3회	세부활동 내용	1회	2회	3회	세부활동 내용	1회	2회	3회
정리설명				문제제기				개선안 제안			
비교설명				개선촉구				문제점 제시			
PPT발표				보고서 작성				해결책 제시			
진로연결				다른시각 제시				지식의 실생활용			
정책제시				비판적 질문				연계적 질문			
과제물 완성				협력 글쓰기				사례적용			
논리적 반박				자료활동				비교분석			
개선촉구				서평쓰기				반론제기			
관심확장				질문생성				교과융합			
조사활동				탐구활동				심화활동			
관점표명				내용비교				실험 설계수행			

학종활동 자기관리 기록지 ❸   03월 **1 주**   (월   일 ~   월   일)

분야	내용	구체적 활동내용			
독서	독서 동기		진로/학업 연관성		
	지식 확장		교과/진로 심화독서		
탐구 보고서	탐구 이유		탐구주제		
	연관 교과		제언 및 후속탐구		
창체 활동	활동 내용		학업/진로 연계활동		
	심화 탐구		활동의 연관성		
공동체 역량	경청/ 공감		정보와 생각전달		
	협업		계획실행 주도경험		

학종활동 자기관리 기록지 **1**   03월 _2_주   (월 일~ 월 일)

분야	내용	구체적 활동 내용				
교과 수업 (공통 과목/ 일반 선택 과목/ 진로 선택 과목)	세부 활동 내용 (주요 교과 포함 전 교과)	활동내용	A / B / C / D / E	활동내용	A / B / C / D / E	
		성적의 성취도	A / B / C / D / E	전공관련 과목이수	A / B / C / D / E	
		성적 향상정도	A / B / C / D / E	학습위계 정도	A / B / C / D / E	
		교과활동 충실도	A / B / C / D / E	이수교과의 학업성취	A / B / C / D / E	
		활동의 일관성	A / B / C / D / E	교과활동 충실도	A / B / C / D / E	
		다른교과와 연계	A / B / C / D / E	학년별 심화 · 확장	A / B / C / D / E	
	발표	주제		내용		
		주장		해결책 제시		
	토론	주제		쟁점		
		질문		자신의 주장		
		반론		대안 제시		

학종활동 자기관리 기록지 ❷ 03월 _2_ 주 (월 일~ 월 일)

세부활동내용	1회	2회	3회	세부활동내용	1회	2회	3회	세부활동내용	1회	2회	3회
정리설명				문제제기				개선안 제안			
비교설명				개선촉구				문제점 제시			
PPT발표				보고서 작성				해결책 제시			
진로연결				다른시각 제시				지식의 실생활활용			
정책제시				비판적 질문				연계적 질문			
과제물 완성				협력 글쓰기				사례적용			
논리적 반박				자료활동				비교분석			
개선촉구				서평쓰기				반론제기			
관심확장				질문생성				교과융합			
조사활동				탐구활동				심화활동			
관점표명				내용비교				실험 설계수행			

학종활동 자기관리 기록지 ❸　03월 2 주　(　월　 일 ~ 　월　 일)

분야	내용	구체적 활동내용		
독서	독서 동기		진로/학업 연관성	
	지식 확장		교과/진로 심화독서	
탐구 보고서	탐구 이유		탐구주제	
	연관 교과		제언 및 후속탐구	
창체 활동	활동 내용		학업/진로 연계활동	
	심화 탐구		활동의 연관성	
공동체 역량	경청/ 공감		정보와 생각전달	
	협업		계획실행 주도경험	

학종활동 자기관리 기록지 **1**   03월 **3** 주   (월 일~ 월 일)

분야	내용	구체적 활동 내용				
교과 수업 (공통 과목/ 일반 선택 과목/ 진로 선택 과목)	세부 활동 내용 (주요 교과 포함 전 교과)	활동내용	A / B / C / D / E	활동내용	A / B / C / D / E
		성적의 성취도	A / B / C / D / E	전공관련 과목이수	A / B / C / D / E
		성적 향상정도	A / B / C / D / E	학습위계 정도	A / B / C / D / E
		교과활동 충실도	A / B / C / D / E	이수교과의 학업성취	A / B / C / D / E
		활동의 일관성	A / B / C / D / E	교과활동 충실도	A / B / C / D / E
		다른교과와 연계	A / B / C / D / E	학년별 심화 · 확장	A / B / C / D / E
	발표	주제		내용	
		주장		해결책 제시	
	토론	주제		쟁점	
		질문		자신의 주장	
		반론		대안 제시	

학종활동 자기관리 기록지 ❷　03월 _3_주　(　월　일~　월　일)

세부활동 내용	1회	2회	3회	세부활동 내용	1회	2회	3회	세부활동 내용	1회	2회	3회
정리설명				문제제기				개선안 제안			
비교설명				개선촉구				문제점 제시			
PPT발표				보고서 작성				해결책 제시			
진로연결				다른시각 제시				지식의 실생활활용			
정책제시				비판적 질문				연계적 질문			
과제물 완성				협력 글쓰기				사례적용			
논리적 반박				자료활동				비교분석			
개선촉구				서평쓰기				반론제기			
관심확장				질문생성				교과융합			
조사활동				탐구활동				심화활동			
관점표명				내용비교				실험 설계수행			

학종활동 자기관리 기록지 ❸   03월 _3_ 주   (월 일 ~ 월 일)

분야	내용	구체적 활동내용		
독서	독서 동기		진로/학업 연관성	
	지식 확장		교과/진로 심화독서	
탐구 보고서	탐구 이유		탐구주제	
	연관 교과		제언 및 후속탐구	
창체 활동	활동 내용		학업/진로 연계활동	
	심화 탐구		활동의 연관성	
공동체 역량	경청/ 공감		정보와 생각전달	
	협업		계획실행 주도경험	

학종활동 자기관리 기록지 **1**   03월 **4** 주   (월   일 ∼   월   일)

분야	내용	구체적 활동 내용				
교과 수업 (공통 과목/ 일반 선택 과목/ 진로 선택 과목)	세부 활동 내용 (주요 교과 포함 전 교과)	활동내용	A / B / C / D / E	활동내용	A / B / C / D / E	
		성적의 성취도	A / B / C / D / E	전공관련 과목이수	A / B / C / D / E	
		성적 향상정도	A / B / C / D / E	학습위계 정도	A / B / C / D / E	
		교과활동 충실도	A / B / C / D / E	이수교과의 학업성취	A / B / C / D / E	
		활동의 일관성	A / B / C / D / E	교과활동 충실도	A / B / C / D / E	
		다른교과와 연계	A / B / C / D / E	학년별 심화 · 확장	A / B / C / D / E	
	발표	주제		내용		
		주장		해결책 제시		
	토론	주제		쟁점		
		질문		자신의 주장		
		반론		대안 제시		

학종활동 자기관리 기록지 ❷   03월 _4_주   (월 일~ 월 일)

세부활동 내용	1회	2회	3회	세부활동 내용	1회	2회	3회	세부활동 내용	1회	2회	3회
정리설명				문제제기				개선안 제안			
비교설명				개선촉구				문제점 제시			
PPT발표				보고서 작성				해결책 제시			
진로연결				다른시각 제시				지식의 실생활활용			
정책제시				비판적 질문				연계적 질문			
과제물 완성				협력 글쓰기				사례적용			
논리적 반박				자료활동				비교분석			
개선촉구				서평쓰기				반론제기			
관심확장				질문생성				교과융합			
조사활동				탐구활동				심화활동			
관점표명				내용비교				실험 설계수행			

학종활동 자기관리 기록지 ❸   03월 _4_ 주   (월 일 ~ 월 일)

분야	내용	구체적 활동내용		
독서	독서 동기		진로/학업 연관성	
	지식 확장		교과/진로 심화독서	
탐구 보고서	탐구 이유		탐구주제	
	연관 교과		제언 및 후속탐구	
창체 활동	활동 내용		학업/진로 연계활동	
	심화 탐구		활동의 연관성	
공동체 역량	경청/ 공감		정보와 생각전달	
	협업		계획실행 주도경험	

스스로 관리하는 학종 경쟁력

학생부 종합전형은 주도적이고 열정적인 교육 활동이 자신만의 스토리와 결합될 때 경쟁력을 갖출 수 있는 바탕이 된다. 다양한 교육 활동이 학교생활에서 충실히 이루어져서 역량과 소양이 쌓여야 경쟁력을 인정받는다.

학생들이 교육 활동을 수행하면서 변화되는 모습과 진솔한 성장 과정을 보여줄 때 대학의 눈길을 끌 수 있다. 수업 활동을 통해 지적인 관심과 탐구 의지를 보여주면서 자신만의 의미를 부여하고 성장하는 모습을 보여주는 것이 학종의 핵심이다.

학종을 준비하면서 자신의 교육 활동이 올바른 방향으로 가고 있는지, 활동의 폭과 깊이는 어느 정도 수준이 보장되는지를 점검해 볼 필요가 있다. 이런 이유로 자신의 활동에 부족한 점이 무엇인지, 어떤 활동을 보완해야 하는지, 그리고 어떻게 깊이를 더할 수 있을지 정확히 집어내는 것이 중요하다.

우리 학생들은 스스로 관리하려는 노력이 행해질 때 변화하고 성장을 이루어 낼 수 있도록 고민이 필요하다. 매주 자신의 모든 활동을 체크하여 보고 기록하는 가운데 활동의 폭과 깊이가 보장되도록 생기부가 관리되면서 학종 경쟁력을 높일 수 있을 것이다.

탄탄하고 심도 있게

내신은 교과전형에 유효하고 학종은 내신이 낮더라도 비교과 활동이 우수하면 합격과 불합격(합불)에 끼치는 영향력이 높을 것이라고 생각하는 학생이 제법 많다. 학종은 정성평가라는 지표를 활용하기에 단순히 내신 성적순으로 줄 세워서 선발하지는 않는다.

그렇지만 대학은 대학에서 학업을 따라갈 수 있는 일정 수준 이상의 학업 역량을 충분히 갖추었는가를 주시한다. 그렇기에 전공과 관련 있는 과목에서 충실한 학업역량을 드러내고 있는지 관리 차원에서 살펴볼 필요가 있다.

수업 활동은 중요한 평가 지표가 된다. 배운 내용을 바탕으로 자료를 분석하고 비교하며 활용하는 활동은 기본적이고 필수적이다. 수업 내용을 바탕으로 이어지는 탐구나 실험을 진행하여 보고서를 제출할 때 의미 있는 활동으로 인정되어 높이 평가된다. 또한 수업 활동에서 발표나 토론에 적극적으로 참여하여 질적 성장을 도모할 수 있다. 이러한 활동을 중점적으로 수행하고 있는지 점검해 봐야 한다.

일반 선택과목을 기반으로 진로와 부합되는 진로 선택과목에서 심도 있는 경쟁력을 보여준다면 학종의 가능성이 높아진다. 전자·기계 쪽을 희망하는 학생이 물리학과 수학을 잘하기를 기대하는 것과 같은 맥락이다. 더불어 수학·과학의 탄탄한 기반이 전문교과에서 컴퓨터공학을 이수할 때 높게 평가를 받는다. 기본이 되는 과목을 탄탄히 이수하고 있는지 점검해야 하는 이유이다

수업 활동에서 이론이나 주장의 문제점을 제시한다든가, 다른 해결책을 제시할 때 지식이 확장되면서 깊어진다. 이런 활동을 중점적으로 수행하고 있는지 체크해서 치밀하게 관리하지 않으면 경쟁력은 강화되지 않는다. 활동 이후에는 다른 과목과 연계하여 보고서를 작성하는 것을 놓치지 않도록 계속 점검해나가야 한다.

유기적으로 연계되어야

수업과 창의적 체험활동(창체)에서의 다양한 활동은 학생이 바람직하게 성장

하도록 돕는 활동으로 간주된다. 하지만 활동의 양이 경쟁력을 보장하지는 않는다. 어떤 활동을 하는가도 중요하지만 보다 중요한 것은 이 활동이 무슨 의미가 있고, 이 활동을 통해서 자신이 어떻게 성장하고 발전했는가이다. 그렇기에 자신의 활동이 교과와 연결되어 진행되고 있는지, 희망하는 진로 분야와 연계되어 심도 있고 확장성 있게 발전되고 있는지 체크하고 기록해 볼 필요가 있다.

활동의 일관성 또한 중점을 두고 관리해야 하는 부분이다. 자신의 꿈을 향한 다양한 활동에서 긴밀하게 연계된 활동을 하고 있는지 주의 깊게 체크해야 한다. 컴퓨터 계통의 전문가가 희망이라면 동아리는 소프트웨어연구반, 해킹이나 컴퓨터 관련 독서로 일관성 있게 관리하는 것이 바람직할 것이다.

또한 중요한 것은 학년이 올라가면서 진로와 관련된 분야에 관심이 높아지면서 뛰어난 지적역량을 보여주어야 한다.

이러한 점을 염두에 두고 스스로 관리하면서 역량을 드러낼 때 교과 선생님이 충실하게 기록해 줄 것이다.

어떤 활동이든지 활동의 폭과 깊이가 드러나고 있는지 확인해야 한다. 공부하는 과정에서 지적 호기심이 발휘되어 다양한 지식을 습득하고 깊고 넓게 탐구해야 내면의 성장이 깊어진다.

독서를 통해서 관심의 폭을 넓힐 수 있고 탐구활동에서도 심도 있는 탐구를 해볼 수 있다. 창체에서도 활동의 폭과 깊이가 드러나고 있는지 확인해야 한다. 단 모든 활동이 교과수업을 기반으로 수행되고 있을 때 긍정적인 평가를 받는다는 것을 명심해야 한다.

자신의 활동을 지속적으로 점검하면서 자신의 경쟁력을 체크하고 부족한 부분을 보완해야 한다. 이런 노력이 지속되면 부담되는 가격의 관리프로그램에 관심을 기울이지 않더라도 스스로 관리하면서 경쟁력 있는 생기부를 만들 수 있을 것이다.

어떠한 입시도 꿰뚫는 근본 역량

학생부 종합전형 중심의 고등학교를 방문해 보면 교육의 지각변동이 일어나는 것 같은 분위기다. 수업을 열심히 듣고 교실은 토론과 발표로 불꽃 튀는 장이 익숙한 환경이다.

학종이 고교교육의 바람직한 변화를 초래하는 것은 사실이다. 하지만 활동만 하면 학종의 합격이 보장될 것 같은 마인드에서 흥분을 가라앉히고 냉정하게 생각해 볼 필요가 있다. 어떤 입시제도이건 기본적인 학업을 열심히 수행하지 않으면 성취되는 것은 없기 때문이다.

학습한 내용을 열심히 복습하고 반복 학습을 통하여 자기 것으로 만들고 학습한 내용을 응용하고 적용해야 학종에서 중시되는 탐구역량을 키울 수 있다. 학업역량을 게을리하면 역량계발에서 뒤처지는 것은 만고불변의 진리다.

기초가 탄탄해야 심화도 탄탄

학생부 종합전형에서도 학업역량은 상당히 중시된다. 고등학교에 진학해서 1학년 때는 국어, 영어, 수학를 철저히 공부해야 하는 것은 이전과 다름이 없다. 1학년은 공통과목을 학습한다. 더욱이 상대평가로 평가되기에 치열한 경쟁과 서열화는 그대로 유지된다.

모든 학업의 기본이 되는 것은 국어, 영어, 수학이라는 도구 과목이다. 이런 도구 과목의 학습을 통해서 기초가 잡혀야 문해력도 가능하고 수학에서 계산력을 바탕으로 응용력도 키울 수 있다. 1학년에서 기본 학습을 탄탄히 하고 2학년에 올라가서는 자연계 진로의 학생들은 미적분에 전념해야 하고 인문계 진로를 원하는 학생들은 확률과 통계에 집중해야 한다.

1학년 때 학습이 부족하여 성적이 저조하면 아무리 진로와 관련된 과목이기에 선택했다 하더라도 진로 교과를 성취하기가 힘들 뿐만 아니라 저조한 역량을 보이면 대학에서도 계열과 관련된 교과 성취도나 이수를 위한 노력에서 좋게 평가하지 않는다.

〈보통 교과 과목〉

교과영역	공통과목	일반선택과목
기초	국어	화법과 작문, 독서, 언어와 매체, 문학
	수학	수학Ⅰ, 수학Ⅱ, 미적분 확률과 통계
	영어	영어회화, 영어Ⅰ, 영어독해와 작문, 영어Ⅱ
	한국사	
탐구	통합사회	한국지리, 세계지리, 세계사, 동아시아사, 경제, 정치와 법, 사회·문화, 생활과 윤리, 윤리와 사상
	통합과학 과학탐구실험	물리학Ⅰ, 화학Ⅰ, 생명과학Ⅰ, 지구과학Ⅰ

상대평가가 유지되기에 높은 등급을 얻기 위해서 치열한 경쟁을 해야 하는 사실에는 변함이 없다. 1학년 때 등급이 저조하면 좌절하게 되고 2, 3학년까지 영향을 미칠 수 있다.

기초학업이 탄탄하게 완성이 되지 않으면 일반 선택과목이나 진로 선택과목에서도 교과목을 이해하고 이수하는데, 어려움이 있을 수 있고 동일한 과목의 3년 동안의 성적추세를 의미 있게 살펴보기에 좋은 평가를 받기가 힘들 수도 있다.

또한 자연계의 학생들은 물리학Ⅰ, 화학Ⅰ, 생명과학Ⅰ, 지구과학Ⅰ를 이수하고 2학년이나 3학년에 가서는 물리학Ⅱ, 화학Ⅱ, 생명과학Ⅱ, 지구과학Ⅱ 과목을 이수해야 경쟁력을 인정받을 수 있다.

자신의 진로에 맞게 위계 있는 과목을 선택해야 한다는 취지에서이다. 물리학I, 화학I, 생명과학I, 지구과학I의 학업역량이 탄탄하지 못한데 수학과 과학에 관련된 일반 선택과목이나 진로 선택과목에서 심도 있는 학업성취를 쌓으리라고 기대하기는 어렵다.

학업계획표를 세워서 교과과목 이수에 집중해야 학종의 경쟁력을 키울 수 있다. 학업계획을 세우고 학습습관을 탄탄하게 형성해야 한다. 이러한 학업역량을 바탕으로 교과와 비교과에 탄탄한 역량을 쌓은 후에 학생부 종합전형에 지원하여 보통 10:1의 경쟁에서 9명의 경쟁자를 제쳐야 합격의 영광을 누린다.

학업 성취도에서 높은 평가를 받기 위해서는 이수한 교과의 성취수준을 높게 유지해야 한다. 그리고 학업의 발전 정도를 보여주어야 한다.

학습에 기본적으로 필요한 국어, 수학, 영어, 사회, 과학 성적이 우수하게 관리되어야 한다. 어떤 진로이든 국어, 영어, 수학은 기본이 되기 때문이다. 우수한 학업역량을 드러내어야 대학에 진학해서 학업을 수행하는데, 지장이 없다고 평가받는다.

심도 있는 탐구역량을 보여주어야

학종을 더 체계적이고 심도 있게 준비하기 위해서는 자신이 선택한 희망 진로와 관련된 기본 과목을 이수해야 하고 이를 바탕으로 관련 과목을 이수하고 도전적인 과제를 수행해야 한다. 특히 희망 진로와 관련한 과목은 다른 과목보다 우수하고 심도 있게 탐구한 흔적이 있어야 역량이 인정되어 대학이 관심을 갖는다.

학업을 수행하고 학습하려는 의지와 노력도 중요하다. 이것은 학업태도와 열정에 관련된 것으로 학업을 수행하는데, 있어서 자발적이고 도전적인 학습

의지가 드러나야 더 좋은 평가를 받을 수 있다.

배운 내용을 심화하고 발전시키려고 보인 노력과 경험은 자기 주도적으로 탐구하면서 지적 호기심을 충족하려는 노력에서 발현된다. 즉 성취동기나 목표의식이 자기 주도적이고 자발적이어야 한다. 학습에 있어서 넓고 깊게 탐구하려는 의지와 열정이 드러나야 한다.

〈상위권 대학의 학종 평가 기준〉

대학	서울대	고려대	성균관대
평가요소	*습득한 지식의 활용 *문제해결능력 *호기심과 도전적 태도 *폭넓은 시야와 경험	*문제해결능력 *창의성 *자기계발역량	*탐구력과 실험정신 *지적 호기심 *다양한 영역의 지식과 소양 *관심 분야의 확장된 경험 *학업 관련 탐구활동 실적

또한 교과 활동을 수행하면서 지식의 폭을 확장하고 새로운 것을 창출하려는 노력을 보여주어야 한다. 그리고 수업 활동에서 적극적인 자세로 토론, 발표에 참여하려는 활동은 기본이다.

지적 호기심이 발현되어야 하고 사물과 현상에 대해 탐구하고 새로운 방법으로 문제를 해결하려는 노력은 탐구역량으로 집약된다. 탐구 활동에 적극적으로 참여해야 하고 결과물을 산출해야 의미가 있다.

탐구 및 연구 활동, 실험 실습, 글쓰기 및 적극적인 독서 활동 등 다양한 탐구 활동을 통해서 진로에 대한 열의와 지적 호기심을 충족하려고 노력하고 있다는 것을 보여주어야 한다. 학업역량을 바탕으로 주도적인 탐구력을 보여줄 때 미래에 잠재력이 있는 일군으로 성장할 것이라는 믿음을 줄 수 있다.

열심히 했다는 것만으로는 안된다. 잘했다는 것이 중요하다. 수준 높은 역량을 보여주어야 대학의 높은 평가를 받는다는 것은 어떠한 입시를 통해서도 변하지 않는 진리이다.

04월

뒤집기

등급간 점수 차를 미미하게 가져가 교과는 합불에 영향력이 미치지 못하게 하는 대학도 있다. 점차로 내신의 영향력이 하락하는 상황에서 이런 식으로 교과전형을 시행하려는 대학의 의지를 읽을 수 있다. 이미 발 빠른 대학들은 2022학년도부터 교과전형에 10~30%의 서류를 반영시켜 학종처럼 정성평가로 선발하고 있다. 내신에서는 변별력이 없고 서류에서 합불이 결정되게 구성했다. 성균관대, 경희대, 건국대, 동국대 등이 이런 방식을 활용하기에 이를 주시하지 않을 수 없다.

학종활동 자기관리 기록지 **1**   04월 1주   (월 일 ~ 월 일)

분야	내용	구체적 활동 내용				
교과 수업 (공통 과목/ 일반 선택 과목/ 진로 선택 과목)	세부 활동 내용 (주요 교과 포함 전 교과)	활동내용	A/B/C/D/E	활동내용	A/B/C/D/E	
		성적의 성취도	A/B/C/D/E	전공관련 과목이수	A/B/C/D/E	
		성적 향상정도	A/B/C/D/E	학습위계 정도	A/B/C/D/E	
		교과활동 충실도	A/B/C/D/E	이수교과의 학업성취	A/B/C/D/E	
		활동의 일관성	A/B/C/D/E	교과활동 충실도	A/B/C/D/E	
		다른교과와 연계	A/B/C/D/E	학년별 심화·확장	A/B/C/D/E	
	발표	주제		내용		
		주장		해결책 제시		
	토론	주제		쟁점		
		질문		자신의 주장		
		반론		대안 제시		

학종활동 자기관리 기록지 ❷   04월 1 주   (월 일 ~ 월 일)

세부활동 내용	1회	2회	3회	세부활동 내용	1회	2회	3회	세부활동 내용	1회	2회	3회
정리설명				문제제기				개선안 제안			
비교설명				개선촉구				문제점 제시			
PPT발표				보고서 작성				해결책 제시			
진로연결				다른시각 제시				지식의 실생활활용			
정책제시				비판적 질문				연계적 질문			
과제물 완성				협력 글쓰기				사례적용			
논리적 반박				자료활동				비교분석			
개선촉구				서평쓰기				반론제기			
관심확장				질문생성				교과융합			
조사활동				탐구활동				심화활동			
관점표명				내용비교				실험 설계수행			

학종활동 자기관리 기록지 ❸　　04월 _1_ 주　(　월　 일 ~ 　월　 일)

분야	내용	구체적 활동내용		
독서	독서 동기		진로/학업 연관성	
	지식 확장		교과/진로 심화독서	
탐구 보고서	탐구 이유		탐구주제	
	연관 교과		제언 및 후속탐구	
창체 활동	활동 내용		학업/진로 연계활동	
	심화 탐구		활동의 연관성	
공동체 역량	경청/ 공감		정보와 생각전달	
	협업		계획실행 주도경험	

학종활동 자기관리 기록지 ❶   04월 __2_ 주   (월 일 ∼ 월 일)

분야	내용	구체적 활동 내용				
교과 수업 (공통 과목/ 일반 선택 과목/ 진로 선택 과목)	세부 활동 내용 (주요 교과 포함 전 교과)	활동내용	A/B/C/D/E	활동내용	A/B/C/D/E	
		성적의 성취도	A/B/C/D/E	전공관련 과목이수	A/B/C/D/E	
		성적 항상정도	A/B/C/D/E	학습위계 정도	A/B/C/D/E	
		교과활동 충실도	A/B/C/D/E	이수교과의 학업성취	A/B/C/D/E	
		활동의 일관성	A/B/C/D/E	교과활동 충실도	A/B/C/D/E	
		다른교과와 연계	A/B/C/D/E	학년별 심화·확장	A/B/C/D/E	
	발표	주제		내용		
		주장		해결책 제시		
	토론	주제		쟁점		
		질문		자신의 주장		
		반론		대안 제시		

학종활동 자기관리 기록지 ❷   04월 2 주   (월 일 ~ 월 일)

세부활동 내용	1회	2회	3회	세부활동 내용	1회	2회	3회	세부활동 내용	1회	2회	3회
정리설명				문제제기				개선안 제안			
비교설명				개선촉구				문제점 제시			
PPT발표				보고서 작성				해결책 제시			
진로연결				다른시각 제시				지식의 실생활활용			
정책제시				비판적 질문				연계적 질문			
과제물 완성				협력 글쓰기				사례적용			
논리적 반박				자료활동				비교분석			
개선촉구				서평쓰기				반론제기			
관심확장				질문생성				교과융합			
조사활동				탐구활동				심화활동			
관점표명				내용비교				실험 설계수행			

학종활동 자기관리 기록지 ❸

04월
__2__ 주 (월 일 ~ 월 일)

분야	내용	구체적 활동내용			
독서	독서 동기		진로/학업 연관성		
	지식 확장		교과/진로 심화독서		
탐구 보고서	탐구 이유		탐구주제		
	연관 교과		제언 및 후속탐구		
창체 활동	활동 내용		학업/진로 연계활동		
	심화 탐구		활동의 연관성		
공동체 역량	경청/ 공감		정보와 생각전달		
	협업		계획실행 주도경험		

학종활동 자기관리 기록지 ❶ 04월 3 주 (월 일 ~ 월 일)

분야	내용	구체적 활동 내용				
교과 수업 (공통 과목/ 일반 선택 과목/ 진로 선택 과목)	세부 활동 내용 (주요 교과 포함 전 교과)	활동내용	A / B / C / D / E	활동내용		A / B / C / D / E
		성적의 성취도	A / B / C / D / E	전공관련 과목이수		A / B / C / D / E
		성적 향상정도	A / B / C / D / E	학습위계 정도		A / B / C / D / E
		교과활동 충실도	A / B / C / D / E	이수교과의 학업성취		A / B / C / D / E
		활동의 일관성	A / B / C / D / E	교과활동 충실도		A / B / C / D / E
		다른교과와 연계	A / B / C / D / E	학년별 심화 · 확장		A / B / C / D / E
	발표	주제		내용		
		주장		해결책 제시		
	토론	주제		쟁점		
		질문		자신의 주장		
		반론		대안 제시		

학종활동 자기관리 기록지 ❷ 04월 _3_ 주 (월 일 ~ 월 일)

세부활동 내용	1회	2회	3회	세부활동 내용	1회	2회	3회	세부활동 내용	1회	2회	3회
정리설명				문제제기				개선안 제안			
비교설명				개선촉구				문제점 제시			
PPT발표				보고서 작성				해결책 제시			
진로연결				다른시각 제시				지식의 실생활활용			
정책제시				비판적 질문				연계적 질문			
과제물 완성				협력 글쓰기				사례적용			
논리적 반박				자료활동				비교분석			
개선촉구				서평쓰기				반론제기			
관심확장				질문생성				교과융합			
조사활동				탐구활동				심화활동			
관점표명				내용비교				실험 설계수행			

학종활동 자기관리 기록지 ③ 　04월　3 주　(　월　일 ~ 　월　일)

분야	내용	구체적 활동내용		
독서	독서 동기		진로/학업 연관성	
	지식 확장		교과/진로 심화독서	
탐구 보고서	탐구 이유		탐구주제	
	연관 교과		제언 및 후속탐구	
창체 활동	활동 내용		학업/진로 연계활동	
	심화 탐구		활동의 연관성	
공동체 역량	경청/ 공감		정보와 생각전달	
	협업		계획실행 주도경험	

학종활동 자기관리 기록지 **1**

04월
4 주   (월   일 ~   월   일)

분야	내용	구체적 활동 내용				
교과 수업 (공통 과목/ 일반 선택 과목/ 진로 선택 과목)	세부 활동 내용 (주요 교과 포함 전 교과)	활동내용	A/B/C/D/E	활동내용	A/B/C/D/E	
		성적의 성취도	A/B/C/D/E	전공관련 과목이수	A/B/C/D/E	
		성적 향상정도	A/B/C/D/E	학습위계 정도	A/B/C/D/E	
		교과활동 충실도	A/B/C/D/E	이수교과의 학업성취	A/B/C/D/E	
		활동의 일관성	A/B/C/D/E	교과활동 충실도	A/B/C/D/E	
		다른교과와 연계	A/B/C/D/E	학년별 심화·확장	A/B/C/D/E	
	발표	주제		내용		
		주장		해결책 제시		
	토론	주제		쟁점		
		질문		자신의 주장		
		반론		대안 제시		

학종활동 자기관리 기록지 ❷ 04월 __4__ 주 (월 일 ~ 월 일)

세부활동 내용	1회	2회	3회	세부활동 내용	1회	2회	3회	세부활동 내용	1회	2회	3회
정리설명				문제제기				개선안 제안			
비교설명				개선촉구				문제점 제시			
PPT발표				보고서 작성				해결책 제시			
진로연결				다른시각 제시				지식의 실생활활용			
정책제시				비판적 질문				연계적 질문			
과제물 완성				협력 글쓰기				사례적용			
논리적 반박				자료활동				비교분석			
개선촉구				서평쓰기				반론제기			
관심확장				질문생성				교과융합			
조사활동				탐구활동				심화활동			
관점표명				내용비교				실험 설계수행			

학종활동 자기관리 기록지 ❸   04월 _4_ 주   (월   일 ~   월   일)

분야	내용	구체적 활동내용		
독서	독서 동기		진로/학업 연관성	
	지식 확장		교과/진로 심화독서	
탐구 보고서	탐구 이유		탐구주제	
	연관 교과		제언 및 후속탐구	
창체 활동	활동 내용		학업/진로 연계활동	
	심화 탐구		활동의 연관성	
공동체 역량	경청/ 공감		정보와 생각전달	
	협업		계획실행 주도경험	

불리한 내신을 극복하고
수시전형으로 합격하는 방법

'내신이 다소 낮아 수시에서 합격 가능성이 있을까' 고민하는 학생들이 있다. 이런 경우 조금이라도 내신이 낮게 형성되는 대학을 노려보는 것이 수순이다. 대학의 전형을 꼼꼼히 따져보면 부족해 보이는 내신을 극복하고 합격 가능성을 높일 수 있는 대학들을 찾을 수 있다.

면접전형을 노려라

학종에서 면접과 서류로 분리하여 선발하는 대학들이 대안이 될 수 있다. 면접형은 1단계에서 3~5배수를 선발한 후 2단계에서 면접을 30~50% 반영한다. 서류형은 100% 서류전형으로 합불을 결정짓는다. 일반적으로 면접전형이 서류형보다 0.5~1등급 낮게 형성되는 경향이 있다.

그렇기에 면접전형을 노려 면접으로 역량을 드러내어 부족한 내신을 뒤집는 전략이 대안이 될 수 있다. 실제 면접으로 30~50%의 학생들이 뒤집기를 실현하고 있다. ▶국민대 ▶단국대 ▶덕성여대 ▶명지대 ▶서울여대 ▶성신여대 ▶숙명여대 ▶한국외대 ▶광운대 등의 대학들이 분리하여 선발한다. 단국대가 2025학년도에 서류형의 모집인원을 2배로 늘려 226명을 선발한다.

대학들이 분리해서 선발하는 이유는 지원율을 높이려 하거나, 내신이 부족해도 역량이 높은 학생들을 선발하려는 의도만 있는 것이 아니다. 서류를 통하여 비일반고 학생을 선발하려는 의도도 엿볼 수 있다.

▶중앙대가 CAU탐구형전형에서 특정 전형요소의 반영비율을 높여 비일반고인 특목고와 자사고 등 학생들의 지원을 유도하고 있다. 2025학년도에서는 탐구형에 면접을 신설했는데, 2024학년도보다 내신이 낮게 형성될 가능성이 높아졌다. ▶서울시립대는 비일반고 학생들이 선호할만한 일부 인기학과 위주로 서류형으로 선발한다.

이처럼 몇몇 대학은 서류형을 통하여 특목고나 자사고 학생들을 선발하려는 의도를 드러내고 있다. 그렇기에 모집학과나 입시 결과의 하단을 살펴보고 신중하게 판단하여 지원해야 한다.

상위 일부 교과만 반영하는 대학을 공략하라

내신을 반영할 때 상위권 대학은 일반적으로 모든 교과를 반영한다. 하지만 교과전형에서 상위 일부 교과만 반영하는 대학들이 상당수 있다. 인문계열은 국어, 영어, 수학, 사탐 자연계열은 국어, 영어, 수학, 과탐의 교과에 속한 모든 과목을 반영하는 식이다.

주요 교과의 모든 과목 성적이 골고루 우수하지는 않지만, 일부 과목에서 성적이 높게 나오는 학생들이 있다. 몇몇 대학은 상위 일부 과목만 반영하여 내신을 평가하기에 불리한 내신을 어느 정도 상쇄할 수 있다.

▶가천대는 학기별로 우수한 4개 학기만 반영한다. 가장 우수한 학기를 40% 반영하고 나머지 우수한 순으로 30:20:10의 비율로 반영하기에 불리함을 극복할 수 있다. ▶서울여대 ▶덕성여대도 교과별 상위 일부 과목만 반영한다.

▶덕성여대는 국어, 영어, 수학, 사탐/과탐의 상위 3개 교과의 상위 4개 과목씩 총 12과목 ▶서울여대는 국어, 영어, 수학, 사탐/과탐 중 4개 교과별 상위 3과목씩 총 12과목을 반영한다.

전체 교과를 반영하는 경우 내신이 낮을 수 있다. 하지만 일부 교과의 일부 과목을 반영하면 내신이 높게 형성되어 유리해지는 경우가 있다. 전년도 입시 결과를 참조하고 가능성을 노려봐야 한다. 물론 면접이나 수능최저기준을 부과하는지 확인하고 유불리를 가늠해야 한다.

교과전형의 서류평가를 노려라

교과전형은 통상적으로 100% 내신으로만 전형한다. 하지만 20~30% 정도 서류평가를 반영하는 대학들이 있다. 비교과의 경쟁력을 의미 있게 평가하겠다는 의도이다. 그렇기에 이런 대학들에 관심을 갖는 것이 낮은 내신을 극복할 수 있는 방법이 될 수 있다.

▶건국대가 교과전형에서 서류평가를 30% 반영하고 ▶경희대는 교과종합평가로 30%를 반영한다. 그리고 ▶성균관대도 교과전형에서 정성평가를 20% 반영한다. 성균관대와 경희대는 수능최저기준을 부과하나 건국대는 반영하지 않는다.

이런 대학들은 내신 등급간 점수 차이를 최대한 적게 가져간다. ▶동국대는 교과전형에서 1등급이 10점인데 4등급에 9.9점을 부과한다. 더욱이 교과성적을 3년간 상위 10과목만 반영하기에 30%를 반영하는 서류종합평가의 영향력이 매우 높아진다.

▶건국대도 등급별 점수가 동국대와 똑같고 서류반영비율이 30%이다. 내신의 영향력을 작게 하여 서류 30%에서 합불을 결정하겠다는 의도이다. 비교과의 영향력이 크기에 생기부의 비교과가 대학이 요구하는 수준에 부합하는지 충분히 검토해봐야 한다.

수능최저기준이 있는 전형을 노려라

교과전형을 시행하는 대부분의 대학이 수능최저학력기준을 부여한다. 아무리 내신이 높아도 수능최저기준을 충족하지 못하면 최종 탈락한다. 하지만 수능최저를 충족하면 실질 경쟁률이 낮아지고 최종 합격할 가능성이 높아진다.

대학들이 한 해는 수능최저기준을 반영하다가 또 한 해는 수능최저기준을 반영하지 않기도 한다. ▶경기대 교과전형인 교과성적우수자전형은 2025학년도에 2합 7등급을 요구하기에 등급컷이 낮아질 가능성이 높아졌고 ▶세종대도 3합 10등급을 요구했는데 2024학년도 입시에서 폐지했기에 내신 합격컷이 높아졌다.

하지만 내신이 낮은데 수능최저기준을 충족할 가능성이 있으면 이런 전형을 집중적으로 공략하는 것이 합격 가능성을 높여준다. ▶고려대도 학종인 학업우수자전형의 입결이 2등급 초반~3등급 초반에서 형성된다. 학교추천전형의 1등급 후반~2등급 초반에 비하면 상당히 낮게 형성된다.

▶홍익대도 학종에서 3합 8등급을 요구하는데 초기에는 경영학과에 3등급대 학생들도 합격했다. 지금은 안정되어 2등급 중반대부터 3등급 초반대의 학생들이 안정적으로 합격한다. 비슷한 수준에 대학의 내신과 비교해보면 제법 낮다고 볼 수 있다.

유불리가 엇갈리겠지만 2024학년도부터 문과의 경우 수능최저등급을 1등급씩 완화한 대학이 많다. 고려대, 성균관대, 서강대를 비롯하여 건국대, 홍익대, 동국대가 1등급을 완화했다. 이런 대학의 내신등급이 올라간 것은 당연하다.

수능에 대한 부담감이 커서 수시로 가려는데 수능최저기준이 부담이 될 수도 있다. 하지만 4개 영역을 반영하는 것이 아닌 3개 또는 2개 영역을 반영하기에 강점이 있는 영역을 잘 관리하면 수능최저기준을 충족할 가능성이 높아질 수 있다. 수능최저기준을 충족시키는 전략이 합격으로 이어질 수 있다는 자신감을 갖고 대처해야 좋은 결과가 도출될 것이다.

서류평가로 내신 뒤집기

내신등급이 우월함으로 내신전형에 자신감을 가질 수 있다. 하지만 주요 대학 중에 몇몇 대학은 내신전형에 서류평가를 반영시킨다. 내신을 100% 반영하는 교과전형이 원래의 취지에서 변형되어 20~30%는 학종처럼 정성평가를 반영하는 형태로 평가되고 있다.

이처럼 학종 평가 기준으로 학생을 선발하는 것은 내신의 변별력을 약화시킨다. 정성평가로 진행되는 서류평가에서 활동이 우수하다는 명분에 바탕을 두고 이 틈새에서 특목고와 자사고에 높은 점수를 부과하여 이들에 대한 선호가 더욱 공고해지지 않을 수 없다.

입결을 살펴보면 이러한 의도를 어렵지 않게 이해할 수 있다. 동국대의 내신전형이 고려대와 비슷하게 1.4~1.7등급에서 형성되는 것이다. 이는 상위 10개 과목만 반영하기 때문이고, 교과전형에서 서류평가를 실시하고 교과 1~4등급의 차이를 매우 미미하게 가져가기 때문이다.

〈교과전형 서류평가 반영(2025학년도)〉

학생부 교과 반영방법						
동국대	등급	1등급	2등급	3등급	4등급	5등급
	점수	10점	9.99점	9.95점	9.9점	9.0점
건국대	등급	1등급	2등급	3등급	4등급	5등급
	점수	10	9.97	9.94	9.9	9.86

이러한 움직임은 동국대, 경희대, 건국대, 성균관대에서 2022학년도부터

시작되었다. 2025학년도에는 한양대 등이 교과전형에서 10~20%의 서류평가를 반영하여 교과전형을 실시하고 있다.

등급간 점수 차를 미미하게 가져가 교과는 합불에 영향력이 미치지 못하게 하는 대학도 있다. 점차로 내신의 영향력이 하락하는 상황에서 이런 식으로 교과전형을 시행하려는 대학의 의지를 읽을 수 있다.

이미 발 빠른 대학들은 2022학년도부터 교과전형에 10~30%의 서류를 반영시켜 학종처럼 정성평가로 선발하고 있다. 내신에서는 변별력이 없고 서류에서 합불이 결정되게 구성했다. 성균관대, 경희대, 건국대, 동국대 등이 이런 방식을 활용하기에 이를 주시하지 않을 수 없다.

교과전형의 변신

대학의 입장에서는 고교선택제가 본격 시행이 멀지 않기에 변별력이 약화되는 상황에서 자구책을 찾아 나선 것으로 볼 수 있다. 아직 교과전형을 폐지한다든지 축소한다든지 정리된 것은 없다. 하지만 대학에서는 변별력이 떨어지는 교과전형에 대해서 서류평가를 반영하는 식으로 선제적인 움직임을 취하지 않을 수 없는 것이다.

〈교과전형에 서류평가 반영대학(2025학년도)〉

대학명	전형방법(%)	수능최저
건국대	학생부 교과70+교과정성30	없음
경희대	학생부 교과·비교과70+교과종합평가30	국수영탐(2) 2개 합5, 한5 의치한:국수영탐(2) 3개 합4, 한5
고려대	학생부 교과80+서류평가20	인문:국수영탐(2) 3개 합7, 한4 자연:국수영탐(2) 3개 합7, 한4 의예:국수영탐(2) 4개 합5, 한4

대학명	전형방법(%)	수능최저
동국대	학생부 교과70+서류평가30	없음
성균관대	학생부 교과(정량평가80+정성평가20)	인문/자연: 국수영탐탐 3개 합7 글로벌리더, 경영, 경제, 소프트웨어: 국수영탐탐 3개 합6
한양대	학생부 교과90+교과정성평가10	인문/자연/상경: 국수영사/과(1) 3개 합7

　　교과평가에서는 대부분이 국어, 수학, 영어, 사회, 과학 등 주요 교과 위주의 성적을 반영한다. 이들 과목에서 일정 등급 이상의 경쟁력을 유지하는 것이 중요하다. 고려대, 성균관대는 주요 과목만이 아니라 모든 과목을 반영한다는 것도 유념해야 한다.

　　▶건국대의 KU지역균형전형은 서류를 30% 반영하여 평가하는데 학업역량과 진로역량을 반영한다. 학업역량에서는 학업 성취도와 학업태도를 살펴보고, 진로역량에서는 전공과 관련된 교과이수 노력과 전공 관련 교과 성취도를 평가한다.

　　▶경희대의 지역균형전형은 교과 70%+교과종합평가 30%를 반영하여 시행한다. 교과종합평가는 본인이 선택한 전공의 전공 적합성, 선택과목 여부, 학교생활 성실도 등을 종합적으로 판단한다. 교과성적이 우수해도 교과종합평가에서 평가가 엇갈릴 수 있음을 주지해야 한다. 2025학년도 수능최저 반영 시 탐구영역 2과목 평균을 적용하여 전년도에 비해 소폭 강화되었다.

　　▶고려대의 학교추천전형은 학생부 교과 80%를 정량평가하여 반영하는데 모든 교과가 포함된다. 학생부 종합평가로 서류를 20% 반영하는데 일괄합산 방식이기에 서류가 합불에 끼치는 영향이 크다고 볼 수 있다.

　　▶동국대의 학교장추천인재전형은 서류평가를 30% 반영하는데 학교생활 충실도(학업역량/전공적합성)을 80%, 인성 및 사회성을 20% 반영한다. 계열별 5개 교과를 반영하는데 석차등급 상위 10과목을 반영하므로 내신 차이는

미미하다고 볼 수 있다. 수능최저기준도 반영하지 않기에 결국 종합전형 평가 방식과 동일한 서류평가 30%가 합불을 결정한다고 볼 수 있다.

　▶성균관대의 학교장추천전형은 진로 선택과목을 20% 반영하는데 학업수월성(10점)과 학업충실성(10점)을 반영하며 정성평가를 진로선택 및 전문교과로 제한했던 것을 2025학년도부터는 공통과목과 일반 선택과목 모든 과목으로 확대하였다. 교과전형에서 교과와 서류평가를 합산하여 선발하는 대학 중에 경희대, 고려대, 성균관대, 한양대가 수능최저학력기준을 적용하기에 수능의 경쟁력을 향상시키려는 노력 또한 중요하다.

우리 학교의 학종에 대한 시각

학생부 종합전형이 확대되어 문호가 넓어지는 전형도 있고 폐지되는 전형도 있다. 2022학년도부터는 학종의 공정성 강화로 학종이 약간 위축되면서 내신으로 전형하는 학교장추천제 또는 고교추천이라는 이름의 내신전형으로 최소 10% 정도를 선발하기 시작했다.

이 와중에 희생양이 된 논술전형은 대폭 축소되었다. 대표적으로 고려대 논술이 폐지되었다(2025학년도에 부활됨). 그리고 소위 3~5등급 학생들의 대학입학의 마지막 보루였던 적성검사도 폐지되었다. 정량평가로 상징되었던 내신전형이 다소 확대되어 일반고의 숨통을 열어주었다.

하지만 줄 세우기 교육의 원흉으로 지적되는 정시 40%는 그대로 존치되기에 정시와 학종의 다른 취지 때문에 엇박자는 해소되지 않고 있다. 40%의 비중을 차지하는 수능의 존치는 학종의 활성화에 걸림돌이 될 수도 있다.

대학의 난처한 선택

가장 주목해야 할 것은 내신의 변별력이 약화되면서 대학이 애매한 상황에 처해졌다는 것이다. 그래서 내신의 변별력이 하락하여 내신 100%만으로는 평가가 힘들어졌는데, 이 상황에서 대학이 어떤 선택을 할 것인가를 주시하지 않을 수 없다.

국숭세단(국민대, 숭실대, 세종대, 단국대)이나 광명상가(광운대, 명지대, 상명대, 가천대)까지는 수능최저를 반영하는 대학이 별로 없기에 변별력이 약한 내신으로 현재의 전형을 어떻게 유지할지 궁금해지지 않을 수 없다.

　변별력을 확보하기 위하여 논술이 강화되고 정시도 무시할 수 없는 흐름이 계속되고 있다. 이런 상황이 지속되면 일반고는 사실상 대학 진학시키기가 힘들어진다. 그런데 이보다 일반고들 더욱 힘들게 하는 것은 교과전형이 축소 내지는 폐지되는 것이다.

〈수도권-비수도권 전형유형별 비율과 인원〉

수시모집	학생부 교과	학생부 종합	논술	실기/실적	기타
수도권	27,134(31.8%)	38,267(44.9%)	9,473(11.1%)	8,020(9.4%)	2,362(2.8%)
비수도권	126,987(68%)	41,091(22%)	1,741(0.9%)	14,519(7.8%)	2,438(1.3%)

　비수도권에서는 교과전형이 일반고 학생들이 비수도권의 국립대로 진학할 수 있는 통로였다. 비교과의 경쟁력이 특목고나 자사고에 비해 열세였고 정시도 약한 상황에서 상대평가하에서 내신의 우월함으로 수도권 중위권 대학이나 비수도권의 국립대학에 입학을 가능하게 했다. 이것이 학종의 경쟁력을 키우는데 등한시했던 비수도권에 부메랑으로 돌아왔다.

　위의 표에서처럼 비수도권은 교과전형이 종합전형으로 선발하는 인원보다 3배나 더 많다. 2025학년도 입시에서도 별로 달라지지 않는다. 내신의 변별력이 떨어지는 상황에서 대입의 통로였던 교과전형이 축소되면 대학진학에 있어서 차질을 빚지 않을 수 없다.

　그렇기에 비수도권 고등학교도 학생부 종합전형에 더욱 관심을 기울이지 않을 수 없다. 더욱 노하우를 쌓고 학종에 더욱 관심을 기울이지 않으면 생존하기 힘들다. 학종의 경쟁력을 키우기 위해 더욱 총력을 기울여야 하는 상황에 봉착한 것이다.

　상위권은 수도권 대학을 보내고 나머지는 교과전형으로 인근 대학을 보내는 관례를 깨지 않으면 힘든 상황이 도래되었다. 지방대학들도 그동안 정량평가로 선발하는 교과전형으로 쉽게 학생을 선발했던 관행에서 벗어나 학종 선발인원을 대폭 늘리고 학종 선발에 필요한 입학사정관들을 대거 선발해야 할 것이다. 그동안 쉽게 학생들을 선발했던 마인드의 대변혁을 수반해야 하는 상황에 처해졌다.

별다른 노력 없이 등급순위를 기준으로 정량평가로 손쉽게 선발했던 관행에서 벗어나야 한다. 교과전형이 줄어들고 학종이 대세가 되는 흐름에 순응해야 한다. 교육인프라가 부족하다는 핑계에서 벗어나 학생들의 잠재력을 키우기 위해 지역학교들은 학종 역량을 강화해야 한다.

노하우와 역량이 부족하다면 서서히 변화를 꾀해야 한다. 비수도권 고교는 위기이자 동시에 기회가 된 것이다.

내신이 학종과 수능최저기준의 기본 토대

학교 수업의 충실도

수능 출제위원이 수능 예상문제를 풀어준다고 하면 누구나 숨을 죽이고 한마디, 한 글자 놓치지 않고 온 신경을 집중해서 강의를 들을 것이다. 중간·기말고사 출제위원은 지금 교단에서 수업을 하는 선생님이다.

선생님의 한마디 말씀이, 칠판의 판서 한 줄이 이번 중간고사에 출제되는 것이다. 이 상황에서 학교 수업을 등한시하고 활동이 중요하다는 명분에만 매몰되어 등급 관리에 소홀히 한다면 학종의 경쟁력을 등한시하는 것과 다를 바 없다.

매시간 완벽하게 수업에 충실한 것보다 좋은 시험공부는 없고 바로 학종의 경쟁력으로 직결된다. 서로 경쟁하는 수업 분위기가 조성되면서 상승작용을 일으킨다.

환상적인 수업 분위기가 형성되어 시너지 효과가 극대화된다.

수업 시간에 이해가 부진한 부분은 질문하여 학습 내용을 다져놓은 노력도 중요하다.

촉발된 질문을 바탕으로 탐구 활동으로 확대할 수도 있다. 기본적으로 교과서에 나오는 개념과 용어를 철저히 이해하면 면접 대비도 될 수 있다. 수능에서 요구되는 분석력과 응용력을 키우고 면접에서 꼬리를 무는 질문은 이러한 노력이 밑바탕이 된다는 인식이 필요하다.

원리와 개념의 활용

등급관리에 강해지려면 교과서의 모든 부분에 대한 철저한 이해와 관리가 필요하다. 그러려면 기본 개념과 함께 교과서에 나온 모든 용어를 완전히 파악할 필요가 있다.

더욱이 진로와 관련된 과목을 공부하는 경우 익숙하지 않은 많은 용어가 혼동되어 개념을 정확하게 이해하지 못하면 곤란하다. 익숙하지 않은 용어에 괄호를 치고 그 괄호를 메우려고 노력하다 보면 개념에 대한 이해도도 높아진다. 괄호를 메워 나가면서 용어나 개념을 잘 이해하여 기본을 충실히 하고 확장하면서 전체 흐름을 파악하려고 노력해야 한다.

원리와 개념을 완벽히 이해한 후 과학탐구는 실험과 연결하고, 사회탐구는 사회현상과 연결하여 활용하는 능력을 키울 수 있다. 과학탐구는 교과서의 개념을 일상생활에서 발생하는 현상과 연결하고 사회탐구에서는 사회현상, 사회문제 등에 적용하는 노력이 필요하다. 이는 서술형의 문제를 해결하는데, 큰 도움을 주고 다양한 과제탐구로 이어질 수 있다.

정보의 교류

중간고사, 기말고사, 수행평가라 불리는 내신 시험은 일종의 전쟁이다. 한 문제만 더 맞히면 석차와 등급이 올라가고, 등급이 올라가면 학종에서 높게 평가될 가능성이 높아지고, 대학입시에서도 유리하다.

족보를 통해 출제 경향이나 핵심 내용을 가늠해 볼 수 있다. 선배에게 부탁하거나 근처 학원에 다니는 친구들에게 부탁하기도 하고, 학교 홈페이지에서 종전 기출문제를 찾으려는 노력이 필요하다.

우리 반에 들어오지 않고 다른 반 수업에 들어가는 선생님의 스타일도 파악하여 수능 스타일로 내는지 출제 스타일을 파악하고 대비하는 노력도 필요하다. 서술형의 비중이 커지기 때문에 이런 전략이 도움이 된다. 특히 같은 과목이라도 채점 기준, 수업방식이 선생님마다 다를 수 있기에 수업 내용을 정리한 노트도 도움이 된다.

최소한 기출문제나 족보만 섭렵해도 중위권을 뛰어넘을 수 있다. 기출문제를 통해 내 약점이나 생각 없이 지나친 부분을 보완해야 한다. 최상위권에서 자기 자리를 굳건히 지키며 내려오지 않는 학생들은 모든 가능성에 대비하는 정보전의 귀재이다.

스스로 만들어 보는 예상문제

시험문제를 스스로 만들어 보면 출제될 내용을 다각도로 분석해 볼 수 있다. 미처 정리하지 못한 부족한 점을 발견하고 보완할 기회도 가질 수 있다. 자연스럽게 취약점을 발견하고 보완하게 되므로 시험공부에 크게 도움이 된다.

더욱이 출제자의 입장에 서면 문제가 출제되는 포인트를 찾을 수 있다. 출제자가 요구하는 답을 찾아내기가 훨씬 쉬워진다. 출제자의 의도와 문제 접근방식을 파악하는 것도 도움이 된다. 이러한 노력은 내신 성적을 올리는 데 막강한 힘이 된다.

무시할 수 없는 직전 벼락치기

내신에서 실패하는 학생들의 공통된 습관이 벼락치기로 시험에 임하는 것이다. 시험이 닥쳐오면 하루이틀 전에 많은 양을 한꺼번에 해결한다. 벼락치기라는 말이 풍기는 뉘앙스가 상당히 부정적이지만, 집중력을 이끌어내는 효과가 있다.

평소에는 잘 이해되지 않던 것들이 발등에 불이 떨어지자 집중력이 발휘돼 이해나 정리가 되는 경험은 누구에게나 한 번쯤은 있다. 살아가면서 온 힘을 다해 집중력을 발휘해야 하는 경우가 많다. 그래서 벼락치기를 부정적으로만 볼 일이 아니다.

시험을 코앞에 두고 집중력과 순발력을 발휘하는 것이 효과적일 수 있다. 평소에 예습과 복습을 철저히 하더라도 시험 전에 가장 중요한 시간을 더욱 치열하게 보낼 줄 아는 마음가짐이 중요하다.

반복은 완벽을 위한 과정

시험 범위의 내용을 완벽에 가깝게 소화하려면 반복이 중요하다. 일반적인 학생들은 시험 시간표가 발표되어야 계획을 짜고 시험공부에 돌입한다. 하지만 공부를 잘하는 학생들은 남들과 똑같은 시간, 똑같은 노력을 투자해서는 내신에서 경쟁력을 확보하기가 힘들다는 인식을 가지고 있다.

시험 2~3주 전부터 대략적인 내용을 읽으면서 이해하는 과정을 보낸다. 그리고 시험 1주 전부터는 본격적으로 상세한 부분까지 암기에 들어간다. 시험 1~2일 전에는 중요한 부분을 확실하게 정리하는 한편, 계속 반복해서 암기하며 이해하지 못한 부분이나 암기되지 못한 부분을 체크하여 집중적으로 공부한다. 1, 2, 3차에 걸쳐 복습하는 방법이 내신의 경쟁력을 높여준다.

반복하다 보면 모르는 내용이 계속 돌부리처럼 나타나는데, 이런 것들이 막상 시험에 출제되면 틀리기 쉽다. 완벽해질 때까지 반복해야 완벽한 점수를 얻을 수 있다. 이렇게 반복하려면 시간이 많이 소요되기 때문에 시험공부를 일찍 시작한 학생과 그렇지 않은 학생들 사이에서 엄청난 실력의 차이가 생기게 된다.

친구와 함께 준비

시험을 앞두고 친구와 시험 범위의 내용을 물어보면서 공부하는 것도 효과가 있다. 문제를 만들어 서로 질문하다 보면 정확하게 이해하지 못한 부분은 설명하기 힘들다. 자신이 미처 챙기지 못한 부분이나 충분히 암기되지 않은 부분을 확인해 새롭게 보강할 기회가 될 수 있다. 친구들과 문제를 내고 답하는 것은 예상문제를 만드는 것 이상으로 학습 내용을 철저히 파악할 수 있는 효과가 있다.

모든 과목의 학습에서 가장 중요한 것은 지문을 이해하는 것이다. 글의 내용을 깊이 있게 이해하는 것이 중요하다. 글의 내용을 이해하고 내용을 2~3줄 정도로 간략하게 요약해서 서로 보여주며 지적해 주는 연습도 도움이 된다.

05월

중하위권

내신이 3~4등급 혹은 4~5등급이라 할지라도 특정한 부분에 장점을 가진 학생들을 찾아내는 노력이 더욱 중시되어야 한다. 중위권 대학은 교사의 관심만 가져도 진학의 가능성이 높게 나타난다. 중위권 학생들 치고 세부능력 및 특기사항이 제대로 기술되지 않은 학생들도 많다. 학교에서 크게 신경을 쓰지 않는 것이다. 하지만 이런 학생들일수록 세부능력 및 특기사항을 조금 더 세밀하게 신경 써주면 훨씬 가능성이 높아진다.

학종활동 자기관리 기록지 **1**　　　05월 **1**주　　（　월　일 ~　월　일）

분야	내용	구체적 활동 내용			
교과 수업 (공통 과목/ 일반 선택 과목/ 진로 선택 과목)	세부 활동 내용 (주요 교과 포함 전 교과)	활동내용	A/B/C/D/E	활동내용	A/B/C/D/E
		성적의 성취도	A/B/C/D/E	전공관련 과목이수	A/B/C/D/E
		성적 향상정도	A/B/C/D/E	학습위계 정도	A/B/C/D/E
		교과활동 충실도	A/B/C/D/E	이수교과의 학업성취	A/B/C/D/E
		활동의 일관성	A/B/C/D/E	교과활동 충실도	A/B/C/D/E
		다른교과와 연계	A/B/C/D/E	학년별 심화·확장	A/B/C/D/E
	발표	주제		내용	
		주장		해결책 제시	
	토론	주제		쟁점	
		질문		자신의 주장	
		반론		대안 제시	

학종활동 자기관리 기록지 ❷　05월 1 주　(　월　일 ~ 　월　일)

세부활동 내용	1회	2회	3회	세부활동 내용	1회	2회	3회	세부활동 내용	1회	2회	3회
정리설명				문제제기				개선안 제안			
비교설명				개선촉구				문제점 제시			
PPT발표				보고서 작성				해결책 제시			
진로연결				다른시각 제시				지식의 실생활활용			
정책제시				비판적 질문				연계적 질문			
과제물 완성				협력 글쓰기				사례적용			
논리적 반박				자료활동				비교분석			
개선촉구				서평쓰기				반론제기			
관심확장				질문생성				교과융합			
조사활동				탐구활동				심화활동			
관점표명				내용비교				실험 설계수행			

학종활동 자기관리 기록지 ❸

05월 1 주 (월 일 ~ 월 일)

분야	내용	구체적 활동내용		
독서	독서 동기		진로/학업 연관성	
	지식 확장		교과/진로 심화독서	
탐구 보고서	탐구 이유		탐구주제	
	연관 교과		제언 및 후속탐구	
창체 활동	활동 내용		학업/진로 연계활동	
	심화 탐구		활동의 연관성	
공동체 역량	경청/ 공감		정보와 생각전달	
	협업		계획실행 주도경험	

학종활동 자기관리 기록지 ❶ 05월 2 주 (월 일~ 월 일)

분야	내용	구체적 활동 내용				
교과 수업 (공통 과목/ 일반 선택 과목/ 진로 선택 과목)	세부 활동 내용 (주요 교과 포함 전 교과)	활동내용	A/B/C/D/E	활동내용		A/B/C/D/E
		성적의 성취도	A/B/C/D/E	전공관련 과목이수		A/B/C/D/E
		성적 향상정도	A/B/C/D/E	학습위계 정도		A/B/C/D/E
		교과활동 충실도	A/B/C/D/E	이수교과의 학업성취		A/B/C/D/E
		활동의 일관성	A/B/C/D/E	교과활동 충실도		A/B/C/D/E
		다른교과와 연계	A/B/C/D/E	학년별 심화·확장		A/B/C/D/E
	발표	주제		내용		
		주장		해결책 제시		
	토론	주제		쟁점		
		질문		자신의 주장		
		반론		대안 제시		

학종활동 자기관리 기록지 ❷　05월 _2_ 주　(　월　일 ~ 　월　일)

세부활동 내용	1회	2회	3회	세부활동 내용	1회	2회	3회	세부활동 내용	1회	2회	3회
정리설명				문제제기				개선안 제안			
비교설명				개선촉구				문제점 제시			
PPT발표				보고서 작성				해결책 제시			
진로연결				다른시각 제시				지식의 실생활활용			
정책제시				비판적 질문				연계적 질문			
과제물 완성				협력 글쓰기				사례적용			
논리적 반박				자료활동				비교분석			
개선촉구				서평쓰기				반론제기			
관심확장				질문생성				교과융합			
조사활동				탐구활동				심화활동			
관점표명				내용비교				실험 설계수행			

학종활동 자기관리 기록지 ❸ 05월 _2_ 주 (월 일~ 월 일)

분야	내용	구체적 활동내용		
독서	독서 동기		진로/학업 연관성	
	지식 확장		교과/진로 심화독서	
탐구 보고서	탐구 이유		탐구주제	
	연관 교과		제언 및 후속탐구	
창체 활동	활동 내용		학업/진로 연계활동	
	심화 탐구		활동의 연관성	
공동체 역량	경청/ 공감		정보와 생각전달	
	협업		계획실행 주도경험	

학종활동 자기관리 기록지 ❶ 05월 3 주 (월 일~ 월 일)

분야	내용	구체적 활동 내용				
교과 수업 (공통 과목/ 일반 선택 과목/ 진로 선택 과목)	세부 활동 내용 (주요 교과 포함 전 교과)	활동내용	A / B / C / D / E	활동내용		A / B / C / D / E
		성적의 성취도	A / B / C / D / E	전공관련 과목이수		A / B / C / D / E
		성적 향상정도	A / B / C / D / E	학습위계 정도		A / B / C / D / E
		교과활동 충실도	A / B / C / D / E	이수교과의 학업성취		A / B / C / D / E
		활동의 일관성	A / B / C / D / E	교과활동 충실도		A / B / C / D / E
		다른교과와 연계	A / B / C / D / E	학년별 심화 · 확장		A / B / C / D / E
	발표	주제		내용		
		주장		해결책 제시		
	토론	주제		쟁점		
		질문		자신의 주장		
		반론		대안 제시		

학종활동 자기관리 기록지 ❷ 05월 _3_ 주 (월 일 ~ 월 일)

세부활동 내용	1회	2회	3회	세부활동 내용	1회	2회	3회	세부활동 내용	1회	2회	3회
정리설명				문제제기				개선안 제안			
비교설명				개선촉구				문제점 제시			
PPT발표				보고서 작성				해결책 제시			
진로연결				다른시각 제시				지식의 실생활활용			
정책제시				비판적 질문				연계적 질문			
과제물 완성				협력 글쓰기				사례적용			
논리적 반박				자료활동				비교분석			
개선촉구				서평쓰기				반론제기			
관심확장				질문생성				교과융합			
조사활동				탐구활동				심화활동			
관점표명				내용비교				실험 설계수행			

학종활동 자기관리 기록지 ❸ 05월 3 주 (월 일~ 월 일)

분야	내용	구체적 활동내용		
독서	독서 동기		진로/학업 연관성	
	지식 확장		교과/진로 심화독서	
탐구 보고서	탐구 이유		탐구주제	
	연관 교과		제언 및 후속탐구	
창체 활동	활동 내용		학업/진로 연계활동	
	심화 탐구		활동의 연관성	
공동체 역량	경청/ 공감		정보와 생각전달	
	협업		계획실행 주도경험	

학종활동 자기관리 기록지 ❶   05월 _4_주   (월   일 ~   월   일)

분야	내용	구체적 활동 내용				
교과 수업 (공통 과목/ 일반 선택 과목/ 진로 선택 과목)	세부 활동 내용 (주요 교과 포함 전 교과)	활동내용	A/B/C/D/E	활동내용	A/B/C/D/E	
		성적의 성취도	A/B/C/D/E	전공관련 과목이수	A/B/C/D/E	
		성적 향상정도	A/B/C/D/E	학습위계 정도	A/B/C/D/E	
		교과활동 충실도	A/B/C/D/E	이수교과의 학업성취	A/B/C/D/E	
		활동의 일관성	A/B/C/D/E	교과활동 충실도	A/B/C/D/E	
		다른교과와 연계	A/B/C/D/E	학년별 심화·확장	A/B/C/D/E	
	발표	주제		내용		
		주장		해결책 제시		
	토론	주제		쟁점		
		질문		자신의 주장		
		반론		대안 제시		

학종활동 자기관리 기록지 ❷   05월 _4_주   (월 일~ 월 일)

세부활동 내용	1회	2회	3회	세부활동 내용	1회	2회	3회	세부활동 내용	1회	2회	3회
정리설명				문제제기				개선안 제안			
비교설명				개선촉구				문제점 제시			
PPT발표				보고서 작성				해결책 제시			
진로연결				다른시각 제시				지식의 실생활용			
정책제시				비판적 질문				연계적 질문			
과제물 완성				협력 글쓰기				사례적용			
논리적 반박				자료활동				비교분석			
개선촉구				서평쓰기				반론제기			
관심확장				질문생성				교과융합			
조사활동				탐구활동				심화활동			
관점표명				내용비교				실험 설계수행			

학종활동 자기관리 기록지 ❸ 05월 __4__ 주 (월 일 ~ 월 일)

분야	내용	구체적 활동내용		
독서	독서 동기		진로/학업 연관성	
	지식 확장		교과/진로 심화독서	
탐구 보고서	탐구 이유		탐구주제	
	연관 교과		제언 및 후속탐구	
창체 활동	활동 내용		학업/진로 연계활동	
	심화 탐구		활동의 연관성	
공동체 역량	경청/ 공감		정보와 생각전달	
	협업		계획실행 주도경험	

내 세특,
경쟁력 있게 만드는 방법(1)

경쟁력 있는 '교과 세부능력 및 특기사항(세특)'이 기록되기 위해서 중요한 것은 다양한 교과 활동에 충실히 참여하여 노력하는 과정과 성장한 점을 보여주는 것이다. 이러한 교과 활동에서 표출되는 역량을 선생님들이 관찰하면서 주목하게 된다.

좋은 세특이 기록되는 것은 자기 하기 나름이다. 알아보고 싶었던 학업 관련 내용에 대해 심도 있게 탐구하고 수행평가보고서를 작성하면서 과목 선생님에게 의견을 여쭤보려는 노력이 중요하다. 자신의 관심사와 활동을 보여드리고 상기시키려는 적극적인 소통의 과정이 필요하다.

수행평가보고서 마지막에 기록되고 싶은 세특의 핵심을 상세히 써서 보여드리며 조언을 구할 수도 있다. 선생님들이 미처 관찰하지 못했던 점을 파악할 수도 있다.

또한 자기평가서를 통하여 수업과 연관하여 탐구한 내용을 바탕으로 자신의 강점이나 기재되고 싶은 세특의 방향을 어필할 수도 있다. 그리고 자신의 구체적인 탐구 내용이나 진로와 연계되는 부분, 이어지는 후속 탐구에 대해서 자세히 기술해 놓으면 조언을 아끼지 않을 것이다. 세특을 기재할 때 적극 참조할 것이다.

다음의 몇 가지 수칙을 유념하면서 세특을 직접 작성해 보는 것이 효과적이다. 여러분이 제출한 세특을 참조하여 선생님이 의미 있고 알찬 세특이 되도록 기재해 줄 것이다.

결과보다 과정 중심의 서술

자신의 활동을 단순히 나열하거나 결과 중심으로 기술하는 것은 의미 있게 평가받지 못한다. 어떤 동기로 활동하게 되었고 그 과정에서 얼마나 성장했는지를 보여주는 것이 중요하다.

수업을 통해서 촉발된 활동에서 결과가 아닌 활동의 과정을 구체적으로 기술해야 한다. 하지만 무조건 결과를 배격하지 않고 과정이 수반된 결과를 보여주어야 더욱 신뢰할 수 있는 세특이 될 수 있다.

> 경제수학: 화폐와 환율 단원에서 환율과 원화의 가치를 공부하고 환율문제와 통화 권력에 대해 다양한 관점을 조사하고 보고서를 제출함. 생각을 더욱 발전시켜 미국 달러화가 기축 통화로써 정책적 비용을 전가하는 권력을 가지고 있다는 내용에 대해 깊이 있게 탐구함. 배운 내용을 깊이 생각하며 급우들과의 토론을 통해 지식을 확장하고 실제 경제현장에서 발생할 수 있는 다양한 변수에 대해 조사함.

대학은 학생이 교과 활동을 통해 어떻게 성장했는지에 관심을 가진다. 다양한 활동 과정을 살펴봄으로써 탐구력과 발전 가능성을 확인한다.

위의 세특에서 교과수업에서 촉발된 지적 호기심이 바탕이 되어 환율문제를 다양한 관점에서 조사하고 보고서를 제출한다. 더욱 생각을 발전시켜 깊이 있는 탐구 활동하면서 지식의 폭이 깊어지는 모습을 발견할 수 있다.

후속 활동도 학생의 충실한 활동 과정에 초점이 맞춰져 있다. 실제 토론을 통해서 지식을 확장하고 경제현장에서 발생할 수 있는 다양한 변수까지 기술하고 있다.

이런 활동을 통해서 드러난 학생의 학업역량과 발전 가능성은 긍정적으로 평가될 것이다.

확률과 통계: 가입자의 취향을 분석하는 기업의 추천 알고리즘에 조건부 확률을 적용하고 그 원리에 대해 발표함. 이유 불충분의 원리에 따른 사전 확률과 가입자의 선택에 따른 사후 확률을 이용한 식을 재구성하여 발표하여 다른 학생들의 많은 호응을 얻음. 가입자의 정보가 축적될수록 추천 알고리즘의 정확도가 높아지는 이유를 직접 증명하여 보여줌. 이를 통해 세심한 데이터를 갖춘 기업이 효과적인 추천 알고리즘을 플랫폼 참여 유인으로 활용할 수 있음을 조리 있게 설명함.

학습한 내용을 적용하고 식을 재구성하여 발표하는 활동을 관찰할 수 있다. 한 가지 풀이에 만족하지 않고 다양한 해결방안을 찾고 활용하는 학업역량이 우수한 학생임을 파악할 수 있다.

탄탄한 이론적 배경을 바탕으로 증명함으로써 수학적 역량이 드러나고 있다. 습득한 지식을 바탕으로 플랫폼 참여를 유도하여 실생활에 활용하는 과정도 기술되어 있다.

자료를 활용해 발표하고 증명하는 활동을 자기 주도적으로 수행하고 있다. 이 과정에서 다른 풀이 방법을 제시하는 등 문제해결역량이 뛰어나다는 것을 확인할 수 있다. 이런 활동을 통해서 학생의 학문적인 성장 가능성을 엿볼 수 있다.

근거나 예시를 제시해야

수업 시간에 진행한 설명이나 발표와 같은 활동에 대해서 불필요한 미사여구가 동원되어 평가되기도 한다. 학업 능력에 대해서도 근거도 없이 탁월하다든가 능숙하다라는 감성적인 표현을 사용하는 경우도 있다. 하지만 근거나 예시가 제시되지 못하는 주관적인 세특은 신뢰를 잃게 된다.

윤리와 사상: 프로보커터를 21세기의 소피스트로 규정하면서 그들의 행태와 알고리즘들이 현재 우리의 삶을 혼란스럽게 만들고 있는 국면에 맞서기 위해 주체성을 회복하는 일의 중요성을 강조하며 폭넓은 관심을 보여준 점이 돋보임. 고가 사상을 배우면서 끊임없이 질문하며 도덕과 인간의 본성에 대해 토론하는 시간을 가지며 적극적인 관심과 참여를 보임. 이 과정에서 도가사상의 원칙을 현대사회와 연결시키며 다양한 관점을 제시함. 도가사상이 기업에 적용될 수 있는 가능성과 그 의미를 체계적으로 정리할 정도로 논리적인 학생임. 무인양품의 정체성을 도가사상과 무인양품의 개성을 잘 버무린 무지이즘을 바탕으로 발표하는 모습이 매우 인상적이었음.

수업 시간에 폭넓은 관심을 가지고 토론하고 발표하고 질문하는 등 교과 내용에 대한 호기심을 보여주고 있다. 하지만 이런 활동들에 근거를 제시하지 않고 주관적이거나 감성적인 표현으로 일관하면 설득력을 잃게 된다.

토론과 발표에서 다양한 관점으로 바라보지 못한다면 도가사상의 원칙을 현대사회와 연결시키는 일이 쉽지 않을 것이다. 또한 도가사상이 기업에 적용될 수 있는 가능성을 정리하는 사례가 수반되지 않았다면 논리적이라고 표현하기 힘들 것이다.

끊임없이 질문하며 학습한 내용을 발표하는 과정이 적극적인 관심과 참여의 근거가 될 것이다. 이처럼 세특에 대한 근거와 예시가 탄탄히 제시되어 있어야 좋은 평가를 받을 수 있다.

수학II: 안정된 기초 실력을 바탕으로 어려운 문제에 대하여 다양한 방법으로 해석하는 등 수학 실력이 뛰어남. 한계비용의 의미를 알고 한계비용이 최소일 때의 생산량을 구하는 과정에서 기업이 합리적인 의사결정을 하는데 미분이 쓰임을 쉽게 설명함. 고구마의 부피를 구분구적법을 통해 정확한 값을 도출하는 등 적분의 개념을 일상생활에 적용하고 활용할 정도로 수학에 능숙한 모습을 보임. 이러한 능력을 바탕으로 다양한 분야에서 활약할 것으로 기대됨.

학생의 수학 실력이 뛰어나다고 평가하고 있다. 어려운 문제를 다양한 방법으로 해석할 정도면 수학 실력이 뛰어나다고 볼 수 있을 것이다. 근거가 없이 칭찬하는 것이 아니라 근거와 예시를 제시하고 있기에 학업역량에 대한 신뢰가 더 해지고 있다.

　다른 예에서 기업이 합리적인 의사결정을 하는데 미분이 쓰이고 있는 것을 쉽게 설명한다고 표현하고 있다. 학생의 우수함을 표현할 수 있는 충분한 근거가 될 것이다.

　적분의 개념을 일상생활에 적용하고 활용할 정도의 능숙한 실력을 보이기에 다양한 분야에서 활약이 기대될 것이라고 평가하고 있다. 이렇듯 학생의 탁월함을 표현하는데 근거와 예시가 바탕이 되면 설득력이 강해진다.

모든 학생이 학종에 적합할까

학생들의 다양한 적성을 바탕으로 연관 있는 과목을 택해 진로에 맞는 교육을 하려는 방향을 가지고 있는 것이 학종이다. 흥미와 적성에 맞는 다양한 교과목의 선택을 통해 진로에 대한 확신을 가지게 된다.

입시의 관점에서 볼 때는 획일적으로 점수로 서열화시키는 교육에서 벗어나 학생들의 다양한 재능을 확인하는 학종 중심의 입시가 공고히 구현된다. 진로와 연관된 다양한 경험으로 진로역량을 쌓고 학종을 목표로 활동을 쌓아가는 것이다.

그런데 여기서 고민을 하지 않을 수 없는 부분이 있다. 과연 모든 학생이 학종에 적합할까라는 의문을 던지지 않을 수 없다. 유독 대학입시에서 다양한 전형의 가능성을 제한하여 좁은 길로 몰아가고 있는 것은 아닐까.

수시전형에서 학종에 집중하는 모습을 보이지만 수시에서는 종합전형만 있는 것이 아니다. 교과전형, 논술전형 그리고 학생부 종합전형의 3가지 전형이 있다. 교과전형은 전체적으로 차지하는 비율이 56.7%나 된다.

학종에 집중할 때

교과전형도 아니고 논술전형으로 지원하는 것도 아니다. 그동안의 계열 관련 활동을 바탕으로 경쟁력을 높여서 학생부 종합전형에 지원하는 것이다. 선발인원은 전체적으로 30% 정도밖에 안 된다.

정시가 전체적으로 32%밖에 안 되지만 수도권 상위 15개 대학은 정원의

40%나 된다. 이 넓은 인원을 선발하는 전형을 왜 무시해야 하는가. 학종에 집중할 때 과연 '가성비는 높을까'라는 의문이 들지 않을 수 없다.

〈2025학년도 전형 유형별 모집인원 및 비율〉

구분	전형유형	2025학년도	
		모집인원(명)	비율(%)
수시	학생부 교과	154,475	45.3
	학생부 종합	78,924	23.1
	논술	11,266	3.3
	실기/실적	22,531	6.6
	기타	4,285	1.3
소계		271,481	79.6
정시	수능	63,827	18.2
소계		76,4512	20.4
합계		340,934	

위의 표를 참조하면 현재 고2가 수능으로 치르는 정시전형이 20%를 차지하는 것으로 표시된다. 하지만 수도권 대학을 중심으로 살펴보면 40%를 차지하는 것을 간파할 수 있어야 한다. 이중 교과전형은 10% 정도 그리고 학생부 종합전형이 20~30%를 차지한다. 하지만 전국적인 통계로 따지면 지방의 국립대는 오히려 교과전형이 종합전형보다 선발하는 인원이 2~3배 정도나 많다.

3학년이 되면 발등에 불

여기에서 의문점을 해결해야 한다. 정원이 1/4정도인 학종으로 들어가는 학생들은 합격하기가 쉽지만은 않은데, 이 좁은 학종으로 모든 학생들은 몰아넣으려는 것이 진정 학생을 위한 올바른 길인가.

학생들의 다양한 가능성을 억누르는 것은 아닌지 의구심이 들지 않을 수 없다. 학생들 입장에서는 입시는 미래의 삶이 걸린 명분이 아닌 현실이기 때문이다.

학종보다 논술이나 정시의 경쟁력이 강한 학교의 선생님들이 가끔 푸념처럼 하는 말이 있다. 학기가 끝나고 모든 학생의 세부능력 및 특기 적성을 기재하며 하는 넋두리이다.

"도대체 학종으로 갈 수 있는 학생들이 몇 명이나 된다고!"

〈학생부 종합전형 평가〉

평가요소	진로역량	학업역량	공동체역량
평가항목	*전공(계열) 관련 교과이수노력 *전공(계열) 관련 교과성취도 *진로탐색 활동과 경험	*학업성취도 *학업태도 *탐구력	*협업과 소통능력 *나눔과 배려 *성실성과 규칙준수 *리더십

중위권의 학생들이 2학년 말이 되면 대학입학에 더욱 고삐를 죄게 된다. 모의고사 성적이 경쟁력이 떨어짐을 어렴풋이 느끼고 있다가 3학년이 되면 발등에 불이 떨어진다.

정시는 힘들고 교과전형은 내신이 절대적이니 대학진학이 힘든 것을 파악한다. 마지막 지푸라기라도 잡는 전형이 학종이다. 현실적으로 내신이나 수능으로 갈 수 없는 대학을 상향지원하는 것이 학종이다.

학종 지원 전에 합격의 가능성을 높이기 위해 경쟁률이 낮거나 내신 등급 컷이 낮은 과를 지원하기 위해 생기부를 마지막으로 뜯어고치기도 한다. 막연한 희망 회로를 마구 돌린다.

나의 비교과가 경쟁력이 그리 나쁘지 않다고 판단하여 어느 정도 인정받을 수 있으리라는 희망 고문으로 시작하는 측면도 많다. 사실은 비교과의 경쟁력을 판단할 능력도 부족한데도 말이다.

상위권의 학생도 상향지원의 방법으로 학종으로 지원한다. 아니면 정시로 지원하고 그것도 아니면 재수로 돌입하는 것이 수순이다. 수시에서 수능최저학력기준을 충족하기 위해 수능 공부도 게을리해서는 안 된다. 학종에서 별 성과가 없으면 수능 점수를 높여서 정시로 가야한다. 점수가 약간 부족하면 재수를 해서라도 점수를 향상시켜 정시로 가야한다. 결국 학종이든 수능이든 성취도가 높아야 대입에 자신 있게 대처하기가 쉽다.

중하위권 학생들에게 더욱 세심한 배려

매년 신문에서 발표되는 서울대 합격생 수에 무관심할 수 있는 학교는 거의 없을 것이다. 서울대 합격생을 매출하지 못했을 때, 지역 사회와 졸업생에게서 쏟아지는 냉소와 불만을 감당하기가 쉽지 않을 것이다.

100위 안에 들지 못하여 명단에 학교 이름이 없으면 학교의 분위기가 가라앉고 학생들조차 위축된다. 서울대 합격자 수를 공개하는 것이 학교에 자극을 주면서 학교의 변화를 이끌어낼 수 있다는 주장도 설득력이 있다. 실제로 학교가 학종에 맞게 변화하려고 많은 노력을 기울여 움직이기 힘든 보수적인 조직인 학교가 혁신적으로 변화되는 긍정적인 면도 있다.

중하위권의 강점을 살려야

하지만 상위권 대학 입학에만 관심을 기울이다 보니 중위권 대학에 진학시키기 위한 노력이 소홀한 것도 사실이다. 1~2등급의 학생들은 학교의 명예를 빛내 줄 존재로 인식되면서 온갖 혜택이 주어진다. 하지만 이 영역에서 벗어나는 학생들은 존재감이 미미해지고 진학지도에서 소외되는 경향이 있다.

내신이 3~4등급 혹은 4~5등급이라 할지라도 특정한 부분에 장점을 가진 학생들을 찾아내는 노력이 더욱 중시되어야 한다. 중위권 대학은 교사의 관심만 가져도 진학의 가능성이 높게 나타난다. 중위권 학생들 치고 세부능력 및 특기사항이 제대로 기술되지 않은 학생들도 많다. 학교에서 크게 신경을 쓰지 않는 것이다. 하지만 이런 학생들일수록 세부능력 및 특기사항을 조금 더 세밀하게 신경 써주면 훨씬 가능성이 높아진다.

학생들은 저마다 독특한 특기와 장점을 가지고 있다. 리더십 역량이 뛰어난 학생도 있고, 전반적으로 내신은 4~5등급이지만 다른 몇 과목은 월등한 학생도 있다. 국어와 영어는 능숙하지 못하지만, 수학에는 강점이 있는 학생도 있다. 이런 학생들은 수학의 유리함으로 학종에서 돌파구를 열 수도 있다.

발표토론 수업이 활성화되는 학교에서는 학업 능력이 떨어져 눈길을 받지 못했던 중학위권 학생들이 생기를 얻기도 한다. 일방적인 지식 전달 위주의 수업에서 벗어나 발표 수업 중심으로 수업을 이끌면 고개를 숙이고 있던 잠재력이 고개를 쳐든다. 서로 가르치는 수업에서 그들은 소외되지 않고 적극성을 띄게 된다.

학종 도우미로서의 교사

잘할 수 있는 분야에 진로를 확립해주고, 그 방향으로 발전할 수 있도록 관심을 기울여 4년대 대학 진학률이 60% 이상 되는 학교들이 이러한 노력을 기울이는 학교들이다. 학생의 장점을 학생부에 기록해 주는 교사의 정성과 노력이 가해져서 중하위권의 대입의 가능성이 높아지는 것이다.

다양한 수준의 학생들이 모여 있는 교실에서 상위권만을 위한 활동으로 치달으면 중위권 학생들이 소외된다. 그들의 의욕과 재능을 북돋아 주는 활동이 필요하다. 내신이 낮아도 진로 적합성이 높으면 합격의 가능성이 높아지는 것이 종합전형이다. 이런 학생들에게 세밀한 배려가 바탕이 되어 강점을 파악하여 정성껏 기록해 주는 등의 정성을 쏟을 때 입시 기술자가 아닌 교사로서 의미 있는 학생성장의 도우미 역할을 할 수 있다.

06월

벼락치기

특목고 입시 자체가 종합전형의 축소판이다. 자기주도학습 전형을 통해서 정성평가를 기반으로 대학입시에서 운영되는 학종과 비슷한 방식으로 선발한다. 고교입시를 대비해 충실히 준비하면서 학종 모의 훈련까지 경험했다고 볼 수 있다. 고입전형을 준비하면서 어떻게 탐구역량을 쌓고 어떻게 교과 활동을 심화해야 하는지를 경험하게 된다. 또한 이들이 애초에 목표의식이 명확한 우수한 자원들이기에 심도 있는 학업을 수행하고 결과물을 산출하는 과정과 결과가 높게 인정 받을 수밖에 없을 것이다. 이러한 역량은 명문대 입시에서 그대로 결실을 맺는다.

학종활동 자기관리 기록지 ①   06월 1 주   (월   일 ~   월   일)

분야	내용	구체적 활동 내용				
교과 수업 (공통 과목/ 일반 선택 과목/ 진로 선택 과목)	세부 활동 내용 (주요 교과 포함 전 교과)	활동내용	A/B/C/D/E	활동내용		A/B/C/D/E
		성적의 성취도	A/B/C/D/E	전공관련 과목이수		A/B/C/D/E
		성적 향상정도	A/B/C/D/E	학습위계 정도		A/B/C/D/E
		교과활동 충실도	A/B/C/D/E	이수교과의 학업성취		A/B/C/D/E
		활동의 일관성	A/B/C/D/E	교과활동 충실도		A/B/C/D/E
		다른교과와 연계	A/B/C/D/E	학년별 심화 · 확장		A/B/C/D/E
	발표	주제			내용	
		주장			해결책 제시	
	토론	주제			쟁점	
		질문			자신의 주장	
		반론			대안 제시	

학종활동 자기관리 기록지 ❷ 06월 1 주 (월 일 ~ 월 일)

세부활동 내용	1회	2회	3회	세부활동 내용	1회	2회	3회	세부활동 내용	1회	2회	3회
정리설명				문제제기				개선안 제안			
비교설명				개선촉구				문제점 제시			
PPT발표				보고서 작성				해결책 제시			
진로연결				다른시각 제시				지식의 실생활용			
정책제시				비판적 질문				연계적 질문			
과제물 완성				협력 글쓰기				사례적용			
논리적 반박				자료활동				비교분석			
개선촉구				서평쓰기				반론제기			
관심확장				질문생성				교과융합			
조사활동				탐구활동				심화활동			
관점표명				내용비교				실험 설계수행			

학종활동 자기관리 기록지 ❸　　06월 1주　(월 일 ~ 월 일)

분야	내용	구체적 활동내용		
독서	독서 동기		진로/학업 연관성	
	지식 확장		교과/진로 심화독서	
탐구 보고서	탐구 이유		탐구주제	
	연관 교과		제언 및 후속탐구	
창체 활동	활동 내용		학업/진로 연계활동	
	심화 탐구		활동의 연관성	
공동체 역량	경청/ 공감		정보와 생각전달	
	협업		계획실행 주도경험	

학종활동 자기관리 기록지 ❶ 06월 2주 (월 일 ~ 월 일)

분야	내용	구체적 활동 내용				
교과 수업 (공통 과목/ 일반 선택 과목/ 진로 선택 과목)	세부 활동 내용 (주요 교과 포함 전 교과)	활동내용	A/B/C/D/E	활동내용		A/B/C/D/E
		성적의 성취도	A/B/C/D/E	전공관련 과목이수		A/B/C/D/E
		성적 향상정도	A/B/C/D/E	학습위계 정도		A/B/C/D/E
		교과활동 충실도	A/B/C/D/E	이수교과의 학업성취		A/B/C/D/E
		활동의 일관성	A/B/C/D/E	교과활동 충실도		A/B/C/D/E
		다른교과와 연계	A/B/C/D/E	학년별 심화·확장		A/B/C/D/E
	발표	주제			내용	
		주장			해결책 제시	
	토론	주제			쟁점	
		질문			자신의 주장	
		반론			대안 제시	

학종활동 자기관리 기록지 ❷ 06월 2 주 (월 일~ 월 일)

세부활동 내용	1회	2회	3회	세부활동 내용	1회	2회	3회	세부활동 내용	1회	2회	3회
정리설명				문제제기				개선안 제안			
비교설명				개선촉구				문제점 제시			
PPT발표				보고서 작성				해결책 제시			
진로연결				다른시각 제시				지식의 실생활활용			
정책제시				비판적 질문				연계적 질문			
과제물 완성				협력 글쓰기				사례적용			
논리적 반박				자료활동				비교분석			
개선촉구				서평쓰기				반론제기			
관심확장				질문생성				교과융합			
조사활동				탐구활동				심화활동			
관점표명				내용비교				실험 설계수행			

학종활동 자기관리 기록지 ❸   06월 __2__ 주   (　월　일 ~ 　월　일)

분야	내용	구체적 활동내용		
독서	독서 동기		진로/학업 연관성	
	지식 확장		교과/진로 심화독서	
탐구 보고서	탐구 이유		탐구주제	
	연관 교과		제언 및 후속탐구	
창체 활동	활동 내용		학업/진로 연계활동	
	심화 탐구		활동의 연관성	
공동체 역량	경청/ 공감		정보와 생각전달	
	협업		계획실행 주도경험	

학종활동 자기관리 기록지 **1** 06월 **3** 주 (월 일~ 월 일)

분야	내용	구체적 활동 내용				
교과 수업 (공통 과목/ 일반 선택 과목/ 진로 선택 과목)	세부 활동 내용 (주요 교과 포함 전 교과)	활동내용	A/B/C/D/E	활동내용		A/B/C/D/E
		성적의 성취도	A/B/C/D/E	전공관련 과목이수		A/B/C/D/E
		성적 향상정도	A/B/C/D/E	학습위계 정도		A/B/C/D/E
		교과활동 충실도	A/B/C/D/E	이수교과의 학업성취		A/B/C/D/E
		활동의 일관성	A/B/C/D/E	교과활동 충실도		A/B/C/D/E
		다른교과와 연계	A/B/C/D/E	학년별 심화·확장		A/B/C/D/E
	발표	주제		내용		
		주장		해결책 제시		
	토론	주제		쟁점		
		질문		자신의 주장		
		반론		대안 제시		

학종활동 자기관리 기록지 ❷   06월 _3_ 주   (월 일～ 월 일)

세부활동 내용	1회	2회	3회	세부활동 내용	1회	2회	3회	세부활동 내용	1회	2회	3회
정리설명				문제제기				개선안 제안			
비교설명				개선촉구				문제점 제시			
PPT발표				보고서 작성				해결책 제시			
진로연결				다른시각 제시				지식의 실생활활용			
정책제시				비판적 질문				연계적 질문			
과제물 완성				협력 글쓰기				사례적용			
논리적 반박				자료활동				비교분석			
개선촉구				서평쓰기				반론제기			
관심확장				질문생성				교과융합			
조사활동				탐구활동				심화활동			
관점표명				내용비교				실험 설계수행			

학종활동 자기관리 기록지 ❸   06월 **3 주**   (월 일 ~ 월 일)

분야	내용	구체적 활동내용		
독서	독서 동기		진로/학업 연관성	
	지식 확장		교과/진로 심화독서	
탐구 보고서	탐구 이유		탐구주제	
	연관 교과		제언 및 후속탐구	
창체 활동	활동 내용		학업/진로 연계활동	
	심화 탐구		활동의 연관성	
공동체 역량	경청/ 공감		정보와 생각전달	
	협업		계획실행 주도경험	

학종활동 자기관리 기록지 **1**

06월 **4**주

(월 일 ~ 월 일)

분야	내용	구체적 활동 내용				
교과 수업 (공통 과목/ 일반 선택 과목/ 진로 선택 과목)	세부 활동 내용 (주요 교과 포함 전 교과)	활동내용	A / B / C / D / E	활동내용	A / B / C / D / E	
		성적의 성취도	A / B / C / D / E	전공관련 과목이수	A / B / C / D / E	
		성적 향상정도	A / B / C / D / E	학습위계 정도	A / B / C / D / E	
		교과활동 충실도	A / B / C / D / E	이수교과의 학업성취	A / B / C / D / E	
		활동의 일관성	A / B / C / D / E	교과활동 충실도	A / B / C / D / E	
		다른교과와 연계	A / B / C / D / E	학년별 심화 · 확장	A / B / C / D / E	
	발표	주제		내용		
		주장		해결책 제시		
	토론	주제		쟁점		
		질문		자신의 주장		
		반론		대안 제시		

학종활동 자기관리 기록지 ❷   06월 _4_ 주   (월 일 ~ 월 일)

세부활동 내용	1회	2회	3회	세부활동 내용	1회	2회	3회	세부활동 내용	1회	2회	3회
정리설명				문제제기				개선안 제안			
비교설명				개선촉구				문제점 제시			
PPT발표				보고서 작성				해결책 제시			
진로연결				다른시각 제시				지식의 실생활활용			
정책제시				비판적 질문				연계적 질문			
과제물 완성				협력 글쓰기				사례적용			
논리적 반박				자료활동				비교분석			
개선촉구				서평쓰기				반론제기			
관심확장				질문생성				교과융합			
조사활동				탐구활동				심화활동			
관점표명				내용비교				실험 설계수행			

학종활동 자기관리 기록지 ❸   06월
_4_ 주   (월 일~ 월 일)

분야	내용	구체적 활동내용		
독서	독서 동기		진로/학업 연관성	
	지식 확장		교과/진로 심화독서	
탐구 보고서	탐구 이유		탐구주제	
	연관 교과		제언 및 후속탐구	
창체 활동	활동 내용		학업/진로 연계활동	
	심화 탐구		활동의 연관성	
공동체 역량	경청/ 공감		정보와 생각전달	
	협업		계획실행 주도경험	

내 세특,
경쟁력 있게 만드는 방법(2)

5월의 글에서 좋은 세특이 기록되는 것은 자기 하기 나름이라고 설명을 했다. 다양한 교과 활동에 충실히 참여하여 노력하는 과정과 성장한 점을 선생님들이 관심을 갖고 관찰하는 것이 중요하다고 설명했다.

여러 교과의 수행평가보고서를 작성하면서 과목 선생님에게 의견을 여쭤보려는 노력이 중요하다고 강조했다. 자신의 관심사와 활동을 보여드리고 적극적으로 소통하려는 과정이 필요하다고 말했다.

또한 자기평가서를 통하여 수업과 연관하여 탐구한 내용을 바탕으로 자신의 강점이나 기재되고 싶은 세특의 방향을 어필해야 한다고 말했다. 자신의 구체적인 탐구내용이나 진로와 연계되는 부분, 이어지는 후속 탐구에 대해서 자세히 기술하면 조언을 아끼지 않으면서 세특을 기재할 때 적극 참조할 것이다.

이전에 강조했듯이 결과보다 과정 중심의 서술이 중요하고, 근거나 예시를 제시해야 한다는 원칙을 유념하면서 세특을 직접 작성해 보라고 말했다. 이번 칼럼에서도 2가지 수칙을 유념하면서 세특을 작성하고 소통하면 선생님께서 의미 있고 알찬 세특이 되도록 기재해 줄 것이다.

다른 사례에 응용하여 결과를 도출

교과수업에서 이해한 개념을 바탕으로 다른 분야에 응용하고 활용하는 능력을 보여주어야 한다. 이러한 능력을 겸비한 학생은 다양한 분야에서 뛰어난 성과를 이룰 성장잠재력이 겸비된 것으로 평가된다.

이러한 높은 수준의 학업역량은 복잡한 문제를 해결하는데 필요한 사고능력을 판단하는 기준이 된다. 지식을 다른 분야에 활용하고 결과물까지 만들어낼 정도면 지속적으로 성장하고 발전할 수 있는 잠재역량을 갖추고 있다고 높은 평가를 받을 수 있다.

> 미적분: 미적분의 심화 내용인 미분방정식에서 이론을 탄탄하게 정리하고 이를 활용하는 면에 깊은 관심을 보여줌. 미분과 관련된 수학적 개념을 이해하여 주식그래프의 변화를 분석하고 이를 실제 주식시장에 적용하는 방법을 탐구함. 그 예로 삼성전자의 과거 주가 데이터를 수집하여 미분을 적용하고 주식가격의 변화율을 구하여 시간에 따라 주식가격의 변화를 측정하는 보고서를 작성하여 제출함. 미분값이 양수라면 가격이 상승하는 경향이 있고, 음수라면 가격이 하락하는 경향이 있다고 발표함. 미분을 이용한 그래프 분석이 다양한 금융상품의 가격변동 분석에 활용될 수 있다고 강조함. 특히 주식가격은 여러 다양한 요인에 의해 영향을 받기 때문에 미분을 사용하는 것만으로는 충분하지 않을 수 있다는 설명에 다각적인 분석력이 뛰어난 학생이라는 생각이 들었음.

수학적 이론을 탄탄하게 숙지하고 그 이론을 바탕으로 다른 분야에 능숙하게 활용하는 능력은 수학 개념에 대한 탄탄하고 깊은 이해가 바탕이 되어야 한다. 학습 내용을 심도 있게 탐구하여 다른 분야와 연결하여 결과를 산출하고 보고서로 제출했다고 기술하고 있다. 이러한 확산적 사고는 매우 높은 평가를 받을 가능성이 높다.

미분과 관련된 수학적 개념을 이해하고 주식시장에 적용하여 주식그래프의 변화를 분석하고 탐구하는 모습이 서술되어 있다. 더욱이 미분만 가지고 주식가격을 분석하는 것은 한계가 있고 다양한 요인에 대한 종합적인 분석이 필요하다는 주장을 기재함으로써 학업역량이 뛰어난 학생임을 인식시켜 줄 것이다.

복잡한 문제를 해결하는 과정에서 뛰어난 분석력과 능동적인 태도를 관찰하면서 학업역량이 뛰어나다고 설명하고 있다. 이러한 능력은 수학 분야에서 뿐 아니라 공학, 물리 그리고 금융 분야에서 큰 성과를 이룰 수 있는 발전 가능성이 뛰어난 학생이라고 평가될 것이다.

주관적 평가보다 객관적 관찰과 결과

추상적이고 모호한 표현으로 학생을 주관적으로 평가하면 대학은 관심을 기울이지 않는다. 학생이 발표하거나 해결책을 제안한 것, 다양한 관점에서 설명하거나 주장한 것이다. 이러한 구체적 활동을 관찰하여 서술한 내용이 설득력을 얻는다.

　보고서를 제출한 것도 학업에 대한 중요한 성취로 인정될 것이다. 심도 있게 탐구한 것도 내용을 구체적으로 써주면 설득력이 높아질 것이다. 이러한 객관적 관찰이 기재되어야 학생의 발전 가능성, 학업역량이 의미 있게 부각될 것이다.

생활과 윤리: '우리나라 재벌 일가와 헤지펀드의 대립에 나타난 사회정의의 문제'를 주제로 발표를 진행함. 우리나라의 재벌 일가와 헤지펀드 간의 갈등을 중심으로 사회정의에 대한 문제를 살펴보고, 그 해결책을 제안함. 재벌 일가는 가족 중심의 경영방식을 선호하고, 반면에 헤지펀드는 최대한의 이익을 추구하려고 하는 데서 갈등이 생긴다고 설명함. 해결책으로 정부가 기업의 공정한 경영을 취해 더 강력한 규제를 도입하고, 주주들과 기업의 이해자들이 활발하게 참여하여 기업의 경영에 대한 투명성을 높이는 것이 중요하다고 주장하고 보고서를 제출함.

　학생이 한국의 재벌 일가와 헤지펀드 사이의 갈등을 잘 이해하고 분석하고 있음을 기술하고 있다. 갈등의 원인으로 설명한 내용을 상세하게 서술해 주고 있다. 학생의 사회, 경제적 이슈에 대한 이해력을 보여주기에 충분하다.

갈등을 해결하기 위해서 정부의 규제강화와 기업 투명성 증대를 주장하고 있다고 기술하고 있다. 이를 통해 학생이 복잡한 사회적 문제에 대한 분석적인 사고가 우수함을 드러낼 수 있다.

학생이 설명하고 주장하고 대안을 제안하는 모습을 구체적으로 기술하고 있다. 학생이 사회적 이슈에 대한 이해력이 탁월하다는 것을 객관적 관찰을 통하여 입증하고 있다. 복잡한 사회문제를 이해하고 분석하여 해결책을 제시하는 발전 가능성과 학업 잠재력이 높은 학생임을 인식시켜 줄 것이다.

특목·자사고를 넘어서는 일반고

일반고 학생의 학종에서 경쟁자는 특목고 학생일 것이다. 일반고 학생에 비해 내신이 높지 않지만 심도 있는 커리큘럼이 바탕이 된 뛰어난 탐구 활동 및 학업역량은 상위권 대학이 의미 있게 주목하기 때문이다.

사실상 특목고 입시 자체가 종합전형의 축소판이다. 자기주도학습전형을 통해서 정성평가를 기반으로 대학입시에서 운영되는 학종과 비슷한 방식으로 선발한다. 고교입시를 대비해 충실히 준비하면서 학종 모의 훈련까지 경험했다고 볼 수 있다.

고입전형을 준비하면서 어떻게 탐구역량을 쌓고 어떻게 교과 활동을 심화해야 하는지를 경험하게 된다. 또한 이들이 애초에 목표의식이 명확한 우수한 자원들이기에 심도 있는 학업을 수행하고 결과물을 산출하는 과정과 결과가 높게 인정 받을 수밖에 없을 것이다.

이러한 역량은 명문대 입시에서 그대로 결실을 맺는다. 2023학년도 서울대 입시 일반전형에서 일반고 합격비율이 27.7%이다. 반면에 특목·자사고는 69.3%의 비중을 보여주고 있다. 일반고는 지속적으로 줄어드는 반면에 특목고의 비중은 꾸준히 증가하는 모습을 보이고 있다.

합격자 수가 증대되는 데에는 다양한 요인이 있지만 특목·자사고의 다양하고 심도 있는 교육 활동 결과로 기술되는 세특이 일반고보다 높은 경쟁력을 갖추고 있기 때문으로 설명될 수 있다.

면접에서도 경쟁력이 높게 나타나는데 특목·자사고 학생들이 상위권 대학의 제시문 기반의 면접에서 자신의 전공적성과 학업역량을 설득력 있게 어필하기 때문에 합격률 증가에 영향을 미쳤다고 볼 수 있다.

〈2023학년도 서울대 일반전형 고교별 합격비율〉

전형별	일반고	영재고	자사고	외국어고	과학고	자공고	국제고
지역균형	494 (91.8%)		13 (2.2)		32 (5.9%)		
일반전형	388 (27.7%)	290 (20.7%)	245 (17.5%)	196 (14.0%)	93 (6.6%)	29 (2.1%)	54 (3.9%)

다른 명문대에서도 이들은 일반고에 비해서 강점을 드러내고 있다. 상위권 대학에서 학종은 수시에서 가장 많은 인원을 선발하고 있기에 이들 합격률이 높게 나타난다.

고려대의 경우 내신 위주의 전형인 고교추천에서는 내신의 불리함으로 합격 가능성이 높지 않다. 하지만 학종인 학업우수전형에서는 지원비율도 높고 낮은 내신에도 합격률이 높게 나타난다.

〈2023학년도 고려대 특목·자사고의 학종 입시 결과〉

구분	학업우수		계열적합			
			인문		자연	
	지원율(%)	합격률(%)	지원율(%)	합격률(%)	지원율(%)	합격률(%)
일반고	69.9	61.0	36	13.7	34.8	7.7
자사고	17	23.1	12.7	12.3	22.3	10.9
외고, 국제고	11.4	15.3	48.7	74.0	0	0
과학고, 영재학교	1.5	1.1	0	0	40.4	81.0
기타	0.3	0	2	0	2.4	0.4

고려대의 학종인 학업우수전형에서 합격자의 평균이 2.22이고, 자연계의 합격자 평균이 1.90등급이기에 1등급 중반의 교과전형에 비하여 부담이 줄어

든다. 자사고는 수능도 준비가 되기에 합격률이 높게 나타난다.

과거 특기자전형의 성격이 짙은 계열 적합형에서는 특목·자사고를 선호하는 것으로 인식된다. 수능최저기준을 반영하지 않는 학종인 이 전형에서 합격률이 70~80%에 이를 정도로 매우 높게 나타나고 있다.

주어진 정보를 적용하고 응용할 수 있는 능력, 학습한 내용을 바탕으로 논리적으로 통합하여 문제를 해결하는 사고력이 서류평가나 면접에서 높게 평가되지 않을 수 없다.

교사와 학생의 합작품

학종에 대한 역량에 있어서 일반고 교사보다 탁월한 전략으로 경쟁력을 보이는 특목고 교사들이 많다. 다양한 프로그램으로 융합적이고 창의적인 활동을 통하여 생기부를 풍부하게 구성한다. 하나의 활동이라도 학생의 우수성이 드러나게 지도하고, 활동 과정에서 의미를 찾고 성장하도록 돕는다.

대학교에서도 이러한 점을 충분히 감안하여 평가하기에 내신의 불이익이 크지 않다. 정성평가를 기반으로 하기에 내신이 낮은 4~5등급의 학생들도 중상위권 대학의 상위학과에 합격한다.

〈2023학년도 시립대 학종 고교유형별 학생부 평균등급〉

모집단위	일반고	자사고	특목고	모집단위	일반고	자사고	특목고
경제학부	2.40	3.98	4.08	전기전자	2.18	3.79	
세무학과	2.35	2.45	4.74	컴퓨터과학	2.06		5.36
영어영문	2.14	5.68	4.35	생명과학	1.89		6.42

특목·자사고 학생들의 내신은 낮지만, 관심 분야의 자기 주도적인 탐구 활

동이 뛰어나고, 교육 활동의 우수성이 입증되어 높이 평가된다. 또한 관심 분야에 대한 관심과 이해 수준이 높다. 탁월한 학업역량이 낮은 내신을 초월하여 유리한 위상을 유지하고 있다고 볼 수 있다.

학업역량에서 진로 및 전공 분야에서 탐구한 경험을 통하여 다른 프로그램으로 관심을 확장하면서 심도 있는 학업역량을 키운다. 잠재역량에서 관심 분야의 탐구한 내용을 응용하고 적용하려는 탐구역량을 보여주기에 우수하게 평가된다.

하지만 일반고가 반드시 열세인 것만은 아니다. 열성적인 교사와 우수한 학생들의 노력과 열정이 합쳐져서 상위권 대학의 입시에서 괄목한 성과를 도출하고 있는 학교들도 많다. 전공과 관련된 교과에서 높은 성취를 보여주고 열성적인 활동에서 도출되는 실적이 위력적으로 보이는 프로그램의 불리함도 거뜬히 뛰어넘는 것이다.

논리력, 수리력이 필수적인 논술

학종 준비가 만족스럽지 못하고 내신도 안정적이 아니지만, 수능의 경쟁력이 어느 정도 있는 학생들은 논술에 관심을 가져볼 수 있다. 사탐과 수학에서 우수한 학생들이 논술에 강점이 있는 학생들이 많다.

논술에 있어서 최대의 걸림돌은 수능최저학력기준이다. 아무리 논술 실력이 출중해도 수능최저기준을 통과하지 못하면 합격이 불가능하다. 이러한 점을 감안하여 대학들이 학생들의 부담을 줄여주기 위해서 수능최저기준을 완화하는 경향을 보이고 있다.

독해 능력이 뛰어난 학생

인문논술은 언어로만 되어있는 제시문을 활용한다. 그렇기에 지문을 이해하고 해석하여 분석하는 독해 능력이 뛰어난 학생들은 자신 있게 도전해 볼 수 있다. 제시된 지문을 서로 다른 관점에서 비교하는 유형, 지문에 드러난 하나의 지문을 바탕으로 다른 제시문을 해석하거나 비판하는 유형의 문제가 주로 출제된다. 그렇기에 다수의 지문 사이의 의미 관계를 파악하는 능력이 뛰어나면 가능성이 높아진다.

언어논술에 수리논술이 혼합되는 논술도 여러 대학에서 출제된다. 이러한 유형은 주로 사회계열이나 경상계열에서 실시된다. 경희대 사회, 숭실대 경상, 연세대, 중앙대 경영경제 등이 해당되는데, 수리논술이 합불에 큰 영향을 끼친다. 이외에 언어논술에 도표나 통계를 출제하여 분석을 요구하는 대학들도 있다. 건국대, 서강대, 성균관대 등이 통계도표분석을 요구한다.

〈2025학년도 인문계열 논술전형 수능최저학력기준〉

영역수	등급 조건	대학(모집단위)
1개	3등급	가천대, 경희대(체육), 삼육대, 서울여대, 한국외대(글로벌)
2개	합3	한국외대(LD/LT)
	합4	동국대(경찰행정), 부산대(경영 외), 한국외대(서울)
	합5	건국대, 경북대(경상대/사범대/간호대/행정학부/자율전공부), 경희대, 세종대, 동국대(인문/AI소프트웨어융합), 숙명여대, 숭실대, 연세대(미래)(간호)
	합6	경북대(인문대학/사회과학대학), 고려대(세종), 한국항공대(경영)
	합7	덕성여대, 동덕여대, 성신여대, 연세대(미래)
3개	합4	경희대(한의예)
	합5	성균관대(글로벌), 이화여대(스크랜튼학부)
	합6	성균관대, 이화여대(스크랜튼학부 제외), 중앙대
	합7	부산대(경영), 서강대
	합8	홍익대
4개	합5	고려대(경영대학)
	합8	고려대(경영대학 제외)
미적용		경기대, 광운대, 단국대(죽전), 상명대, 수원대, 아주대, 연세대, 인하대, 한국기술교대, 한신대, 한양대(서울)

수학 또는 과학 교과를 기반

자연계 수리논술은 출제범위가 대학마다 다르다. 수학, 수학Ⅰ, 수학Ⅱ를 기본으로 확률과 통계, 미적분, 기하 등의 과목이 포함된다. 학생들의 해당 과목의 준비 정도와 이해도에 따라 경쟁력이 크게 달라질 수 있다.

　자연계열 논술은 수학 또는 과학 교과를 기반으로 기본적인 개념을 이해하고 문제해결능력을 키우는 것이 중요하다. 과정을 중요하게 생각하는 과학논술의 평가의 특성을 인지하고 평소 수업 시간을 기본으로 문제해결능력을 키우고 수리 논리력을 키우는 연습이 필수적이다.

　출제시간도 유형과 분제의 분량에 따라 70분~150분으로 다양하다. 지원하려는 대학의 논술유형과 기간 운영에 대하여 살펴보고 준비할 필요가 있다. 자연계열 논술을 실시하는 대부분의 대학은 수리논술만을 실시한다. 하지만 경희대(의학/약학계열), 서울여대, 아주대(의학과), 연세대(미래)(의예)는 과학논술을 실시하므로 이를 주시할 필요가 있다.

〈2025학년도 자연계열 논술전형 수능최저학력기준〉

영역수	등급 조건	대학(모집단위)
1개	3등급	가천대, 삼육대, 서울여대, 한국외대(글로벌)
	4등급	홍익대(세종)
2개	합3	경북대(전자공학부 모바일공학전공)
	합5	건국대, 경북대(IT대학), 경희대, 동국대, 부산대, 세종대, 숙명여대, 숭실대, 연세대(미래)(간호), 이화여대
	합6	경북대(공과대학/자연과학대학/농업생명과학대학/생활과학대학), 고려대(세종), 중앙대(다빈치), 한국항공대(공학계열)
	합7	덕성여대, 동덕여대, 성신여대, 연세대(미래)
3개	1등급	연세대(미래)(의예), 인하대(의예)
	합4	가톨릭대(의예), 건국대(수의예), 경북대(의예/치의예), 동국대(약학), 경희대(의예/한의예/치의예/약학), 부산대(지역인재), 성균관대(의예), 숙명여대(약학)
	합5	성균관대(글로벌), 이화여대(스크랜튼학부)
	합6	성균관대, 이화여대(스크랜튼학부 제외), 중앙대
	합7	부산대(경영), 서강대
	합8	홍익대

영역수	등급 조건	대학(모집단위)
4개	합5	중앙대(의학/약학)
	합6	아주대(의학), 이화여대(약학)
	합8	고려대
미적용		가톨릭대(간호/의예/약학 제외), 광운대, 단국대(죽전), 상명대, 연세대, 서울과기대, 서울시립대, 아주대(의학, 약학제외), 인하대(의예 제외), 한국기술교육대, 한국공학대, 한신대, 한양대(서울), 수원대

6월 모의평가 후, 성공적인 수시전략

학생부의 경쟁력 분석

6월 모의고사는 수능의 강자인 재수생이 합류한 성적이기에 3, 4, 5월 성적보다는 실제 수능에 근접한 성적이라는 판단이 가능하다. 6월 모의평가와 내신 경쟁력이 학교생활기록부보다 떨어진다면 학생부 종합전형에 관심을 쏟아부을 수밖에 없다.

대학들은 학종 평가항목을 '학업역량' '진로역량' '공동체역량'의 3가지로 분류하여 반영한다.

자신의 활동이 이러한 평가항목에 부합하는지 학생부 경쟁력에 대한 면밀한 분석이 필요하다.

1학년부터 3학년까지 다양한 과목을 이수하게 된다. 이러한 교과 이수 활동은 희망 전공과 관련된 과목 수강 여부보다도 계열 단위로 평가된다. 과목 선택의 범위가 넓게 확장되었다고 볼 수 있기에, 과목 이수만으로 학생부의 강점을 만들 수 없다는 것을 의미한다.

계열과 적합한 과목 이수는 물론이고 더 확장하여 심화탐구 활동이 학생부에 잘 드러나 있어야 한다. 이러한 활동의 바탕에는 성실한 학교생활과 학업태도가 필요한 항목이라는 것을 잊어서는 안 된다.

수학과 과탐 경쟁력으로

모의고사 평가 성적이 높게 나오면 정시를 고려해 보고, 모의고사 성적이 나쁘면 수시에 집중하는 전략을 가져가는 것이 일반적이다. 수시를 고려하더라도 수능최저기준을 충족시켜야 하기에 수능을 배제하고 수시지원 전략을 세우는 것은 바람직하지 않다.

내신의 경쟁력이 출중하지 못하고, 수능도 4개 영역에서 경쟁력이 미흡하다면 논술전형을 고려하는 것이 수순이다. 논술전형에서는 4개 영역을 모두 반영하기보다는 2~3개 영역을 반영한다.

한두 영역은 2, 3등급인데 나머지 영역은 3, 4등급 심지어 4, 5등급을 찍는 학생들은 정시까지 가는 것이 힘들 수 있다. 그렇기에 부분적인 영역이 수능최저학력기준을 충족하기에 충분하다면 논술전형에 부합할 수 있다. 인문계는 평소에 글쓰기와 독해에 자신감이 있고, 자연계는 수리와 탐구 부분에서 강점을 보인다면 충분히 논술을 활용할 수 있다.

1, 2학년 학생들도 논술이 먼 이야기가 아니라 당장 내년에 코앞에 닥친 과제로 인식해야 한다. 논술에 관심을 갖기 위해서는 대학교 홈페이지에 논술 가이드북이나 영상자료, 대학별로 실시하는 모의 논술을 충분히 활용하여 출제유형을 확인하고 연습하는 것이 크게 도움이 된다.

치밀한 수능 준비는 필수

6월 성적이 수능과 반드시 일치하지는 않기에 6월 성적을 절대시할 필요는 없다. 취약한 부분을 철저하게 보강하여 9월 모의고사에서 자신감을 보이고 최종 수능에서 월등한 성적을 보여주는 학생도 많기 때문이다.

그렇기에 3학년은 물론이고 1, 2학년 학생들도 수시에 관심을 보인다고 하더라도 치밀한 수능 준비는 필수적이다. 사실상 상위권 대학의 학종에서도 성패를 가르는 마지막 관문은 수능최저학력기준이다.

6월 모평을 기준으로 국어, 수학, 영어, 탐구에서 등급을 올리기 위해서 시간을 더 많이 할애하여 과목을 정하는 것이 좋다. 수능최저학력기준은 2~3과목 합을 기준으로 하기 때문이다. 확실한 안정적인 점수가 나오는 과목을 확보하는 것이 필수적이다.

07월

저울질

수능 경쟁력이 떨어지고 내신이 우수할 때는 선택의 여지가 좁아지기에 수시에 집중하는 것이 좋은 지원전략이다. 정시로 가는 것보다 한두 단계 더 높은 수준의 대학에 합격할 가능성이 있기에 수시에 최선을 다해야 한다. 학종에 지원할 때 내신이 숫자 그대로 반영되지 않는다는 것을 명심해야 한다. 대학이 내신을 평가할 때 이수자 수, 원점수, 표준편차, 과목선택 등을 종합적으로 고려하기 때문이다. 다양한 교과 활동을 통하여 지적으로 성장한 모습과 성취 수준, 진로와 연관된 교과에서 지적 호기심뿐만 아니라 심화 탐구역량, 문제해결능력을 설득력 있게 드러내면 높은 평가를 받을 수 있다.

학종활동 자기관리 기록지 ❶ 07월 1주 (월 일~ 월 일)

분야	내용	구체적 활동 내용				
교과 수업 (공통 과목/ 일반 선택 과목/ 진로 선택 과목)	세부 활동 내용 (주요 교과 포함 전 교과)	활동내용	A / B / C / D / E	활동내용	A / B / C / D / E	
		성적의 성취도	A / B / C / D / E	전공관련 과목이수	A / B / C / D / E	
		성적 향상정도	A / B / C / D / E	학습위계 정도	A / B / C / D / E	
		교과활동 충실도	A / B / C / D / E	이수교과의 학업성취	A / B / C / D / E	
		활동의 일관성	A / B / C / D / E	교과활동 충실도	A / B / C / D / E	
		다른교과와 연계	A / B / C / D / E	학년별 심화·확장	A / B / C / D / E	
	발표	주제		내용		
		주장		해결책 제시		
	토론	주제		쟁점		
		질문		자신의 주장		
		반론		대안 제시		

학종활동 자기관리 기록지 ❷ 07월 1 주 (월 일 ~ 월 일)

세부활동 내용	1회	2회	3회	세부활동 내용	1회	2회	3회	세부활동 내용	1회	2회	3회
정리설명				문제제기				개선안 제안			
비교설명				개선촉구				문제점 제시			
PPT발표				보고서 작성				해결책 제시			
진로연결				다른시각 제시				지식의 실생활활용			
정책제시				비판적 질문				연계적 질문			
과제물 완성				협력 글쓰기				사례적용			
논리적 반박				자료활동				비교분석			
개선촉구				서평쓰기				반론제기			
관심확장				질문생성				교과융합			
조사활동				탐구활동				심화활동			
관점표명				내용비교				실험 설계수행			

학종활동 자기관리 기록지 ❸　　07월 1 주　　(　월　　일 ~ 　월　　일)

분야	내용	구체적 활동내용		
독서	독서 동기		진로/학업 연관성	
	지식 확장		교과/진로 심화독서	
탐구 보고서	탐구 이유		탐구주제	
	연관 교과		제언 및 후속탐구	
창체 활동	활동 내용		학업/진로 연계활동	
	심화 탐구		활동의 연관성	
공동체 역량	경청/ 공감		정보와 생각전달	
	협업		계획실행 주도경험	

학종활동 자기관리 기록지 **1**　　07월 _2_주　　(　월　일 ~　월　일)

분야	내용	구체적 활동 내용				
교과 수업 (공통 과목/ 일반 선택 과목/ 진로 선택 과목)	세부 활동 내용 (주요 교과 포함 전 교과)	활동내용	A / B / C / D / E	활동내용	A / B / C / D / E	
		성적의 성취도	A / B / C / D / E	전공관련 과목이수	A / B / C / D / E	
		성적 향상정도	A / B / C / D / E	학습위계 정도	A / B / C / D / E	
		교과활동 충실도	A / B / C / D / E	이수교과의 학업성취	A / B / C / D / E	
		활동의 일관성	A / B / C / D / E	교과활동 충실도	A / B / C / D / E	
		다른교과와 연계	A / B / C / D / E	학년별 심화 · 확장	A / B / C / D / E	
	발표	주제		내용		
		주장		해결책 제시		
	토론	주제		쟁점		
		질문		자신의 주장		
		반론		대안 제시		

학종활동 자기관리 기록지 2   07월 _2_ 주   (월 일~ 월 일)

세부활동 내용	1회	2회	3회	세부활동 내용	1회	2회	3회	세부활동 내용	1회	2회	3회
정리설명				문제제기				개선안 제안			
비교설명				개선촉구				문제점 제시			
PPT발표				보고서 작성				해결책 제시			
진로연결				다른시각 제시				지식의 실생활활용			
정책제시				비판적 질문				연계적 질문			
과제물 완성				협력 글쓰기				사례적용			
논리적 반박				자료활동				비교분석			
개선촉구				서평쓰기				반론제기			
관심확장				질문생성				교과융합			
조사활동				탐구활동				심화활동			
관점표명				내용비교				실험 설계수행			

학종활동 자기관리 기록지 ❸   07월 2 주   (월 일~ 월 일)

분야	내용	구체적 활동내용		
독서	독서 동기		진로/학업 연관성	
	지식 확장		교과/진로 심화독서	
탐구 보고서	탐구 이유		탐구주제	
	연관 교과		제언 및 후속탐구	
창체 활동	활동 내용		학업/진로 연계활동	
	심화 탐구		활동의 연관성	
공동체 역량	경청/ 공감		정보와 생각전달	
	협업		계획실행 주도경험	

학종활동 자기관리 기록지 1   07월 3 주   (월 일~ 월 일)

분야	내용	구체적 활동 내용				
교과 수업 (공통 과목/ 일반 선택 과목/ 진로 선택 과목)	세부 활동 내용 (주요 교과 포함 전 교과)	활동내용	A/B/C/D/E	활동내용	A/B/C/D/E	
		성적의 성취도	A/B/C/D/E	전공관련 과목이수	A/B/C/D/E	
		성적 향상정도	A/B/C/D/E	학습위계 정도	A/B/C/D/E	
		교과활동 충실도	A/B/C/D/E	이수교과의 학업성취	A/B/C/D/E	
		활동의 일관성	A/B/C/D/E	교과활동 충실도	A/B/C/D/E	
		다른교과와 연계	A/B/C/D/E	학년별 심화·확장	A/B/C/D/E	
	발표	주제		내용		
		주장		해결책 제시		
	토론	주제		쟁점		
		질문		자신의 주장		
		반론		대안 제시		

학종활동 자기관리 기록지 ❷

07월
_3_ 주 (월 일 ~ 월 일)

세부활동 내용	1회	2회	3회	세부활동 내용	1회	2회	3회	세부활동 내용	1회	2회	3회
정리설명				문제제기				개선안 제안			
비교설명				개선촉구				문제점 제시			
PPT발표				보고서 작성				해결책 제시			
진로연결				다른시각 제시				지식의 실생활활용			
정책제시				비판적 질문				연계적 질문			
과제물 완성				협력 글쓰기				사례적용			
논리적 반박				자료활동				비교분석			
개선촉구				서평쓰기				반론제기			
관심확장				질문생성				교과융합			
조사활동				탐구활동				심화활동			
관점표명				내용비교				실험 설계수행			

학종활동 자기관리 기록지 ❸   07월 __3__ 주   (　월　일 ～ 　월　일)

분야	내용	구체적 활동내용		
독서	독서 동기		진로/학업 연관성	
	지식 확장		교과/진로 심화독서	
탐구 보고서	탐구 이유		탐구주제	
	연관 교과		제언 및 후속탐구	
창체 활동	활동 내용		학업/진로 연계활동	
	심화 탐구		활동의 연관성	
공동체 역량	경청/ 공감		정보와 생각전달	
	협업		계획실행 주도경험	

학종활동 자기관리 기록지 **1**   07월 __4__ 주   (월   일 ~   월   일)

분야	내용	구체적 활동 내용				
교과 수업 (공통 과목/ 일반 선택 과목/ 진로 선택 과목)	세부 활동 내용 (주요 교과 포함 전 교과)	활동내용	A/B/C/D/E	활동내용	A/B/C/D/E	
		성적의 성취도	A/B/C/D/E	전공관련 과목이수	A/B/C/D/E	
		성적 향상정도	A/B/C/D/E	학습위계 정도	A/B/C/D/E	
		교과활동 충실도	A/B/C/D/E	이수교과의 학업성취	A/B/C/D/E	
		활동의 일관성	A/B/C/D/E	교과활동 충실도	A/B/C/D/E	
		다른교과와 연계	A/B/C/D/E	학년별 심화·확장	A/B/C/D/E	
	발표	주제		내용		
		주장		해결책 제시		
	토론	주제		쟁점		
		질문		자신의 주장		
		반론		대안 제시		

학종활동 자기관리 기록지 ❷　　07월 **4** 주　　(월 일~ 월 일)

세부활동 내용	1회	2회	3회	세부활동 내용	1회	2회	3회	세부활동 내용	1회	2회	3회
정리설명				문제제기				개선안 제안			
비교설명				개선촉구				문제점 제시			
PPT발표				보고서 작성				해결책 제시			
진로연결				다른시각 제시				지식의 실생활활용			
정책제시				비판적 질문				연계적 질문			
과제물 완성				협력 글쓰기				사례적용			
논리적 반박				자료활동				비교분석			
개선촉구				서평쓰기				반론제기			
관심확장				질문생성				교과융합			
조사활동				탐구활동				심화활동			
관점표명				내용비교				실험 설계수행			

학종활동 자기관리 기록지 ❸ _4_ 주 (월 일 ~ 월 일)

분야	내용	구체적 활동내용			
독서	독서 동기		진로/학업 연관성		
	지식 확장		교과/진로 심화독서		
탐구 보고서	탐구 이유		탐구주제		
	연관 교과		제언 및 후속탐구		
창체 활동	활동 내용		학업/진로 연계활동		
	심화 탐구		활동의 연관성		
공동체 역량	경청/ 공감		정보와 생각전달		
	협업		계획실행 주도경험		

수시와 정시의 저울질

대학진학을 고민할 때 수시로 지원할지 정시로 지원할지 이분법적으로 구분하기도 한다. 하지만 딱 잘라서 수시와 정시로 구분하여 선택하기가 힘든 면이 많다. 수시에 강점을 가지고 있지만, 정시도 가능성이 있고, 정시로 진학해야 할 것 같지만 수시에서도 가능성을 찾아볼 수 있는 학생들이 많기 때문이다.

　　수시와 정시 중 어느 전형이 더 유리할지를 판단할 때 내신과 비교과, 모의고사 성적의 경쟁력을 기준으로 판단하는 것이 합리적이다.

수능에 강점이 있다면 다양한 선택이 가능해!

아래의 학생은 모의고사 성적이 내신보다 높게 형성되기에 정시 가능성이 더 높은 것으로 판단될 수 있다. 하지만 수학의 경쟁력이 높지 않기에 영역별 반영비율을 반영하여 표준점수의 총점을 계산하면 정시 경쟁력이 기대만큼 높지 않을 수도 있다. 하지만 수시의 수능최저학력기준을 충족할 가능성이 높다는 측면에서 수시에서도 유리해 보인다.

　　또한 내신 성적이 낮다고 해서 수시의 경쟁력이 부족하다고 섣불리 판단할 수는 없다. 모의고사의 우수한 등급을 생각해 볼 때 경쟁력 있는 명문 일반고일 수도 있기 때문이다.

　　즉 대부분의 학생이 공부를 잘하는 학교인데 우수한 학생들이 몰려 있다 보니 구조적으로 우수한 내신을 획득하기가 힘든 명문 일반고일 수도 있는 것이다. 이런 경우 내신이 낮아도 생기부 내용은 우수한 경우가 많다. 이런 학생은 정시와 수시를 모두 아우르는 전략이 필요하다.

〈수능의 경쟁력이 내신보다 우수한 경우〉

내신 성적(평균등급)						
학년-학기	국어	수학	영어	사/과	국영수사(과)	전교과
2-2	3	4	3	2	2.4	2.6
3-1	2	4	2	1	2.2	2.3

수능 성적(등급/백분위)						
구분/시기	한국사	국어	수학	영어	탐구과목 (사회,과학,직업)	제2외국어 /한문
		언어와 매체	미적분		지구과학 I / 생명과학 I	
9월	1	1	3	1	2 / 1	

그렇기에 상위권 대학에서 수능최저기준은 높은데 내신이 낮게 형성되는 전형을 노려볼 수 있다. 이런 전형을 지원하면 합격의 가능성이 높아진다. 4개 영역 합8등급을 요구하는 고려대의 학업우수형에서는 내신이 2.5~3등급까지도 지원이 가능하고, 연세대의 활동우수형에서도 지원가능한 학과가 제법 있다. 그렇기에 수능최저기준 충족 여부를 판단하면서 연고대 학종을 지원하는 것도 현명한 방법이 될 수 있다.

수능이 약하면 수시에 집중해야

수능 경쟁력이 떨어지고 내신이 우수할 때는 선택의 여지가 좁아지기에 수시에 집중하는 것이 좋은 지원전략이다. 정시로 가는 것보다 한두 단계 더 높은 수준의 대학에 합격할 가능성이 있기에 수시에 최선을 다해야 한다.

학종에 지원할 때 내신이 숫자 그대로 반영되지 않는다는 것을 명심해야 한다. 대학이 내신을 평가할 때 이수자 수, 원점수, 표준편차, 과목선택 등을 종합적으로 고려하기 때문이다.

다양한 교과 활동을 통하여 지적으로 성장한 모습과 성취수준, 진로와 연관된 교과에서 지적 호기심뿐만 아니라 심화 탐구역량, 문제해결능력을 설득력 있게 드러내면 높은 평가를 받을 수 있다.

〈내신의 경쟁력이 수능보다 우수한 경우〉

내신 성적(평균등급)						
학년-학기	국어	수학	영어	사/과	국영수사(과)	전교과
2-2	2	2	2	1.23	2.12	2.21
3-1	2	3	2	1.47	2.22	2.34

수능 성적(등급/백분위)						
구분/시기	한국사	국어	수학	영어	탐구과목 (사회,과학,직업)	제2외국어 /한문
					세계사	윤사	
9월	1	3	5	4	4	3	

수능보다 내신과 비교과의 경쟁력이 높으면 학종을 고려하는 것이 적합한 선택이 될 수 있다. 위의 학생의 경우 내신만으로 판단할 때 중앙대, 경희대, 서울시립대, 한국외국어대 정도가 적정권이라고 할 수 있다. 이러한 대학에서는 수능최저기준이 반영되지 않아 관심을 가져볼 수 있다. 또한 수도권 모집비율이 30% 정도이지만 서울 소재 주요 15개 대학으로 좁혀보면 학종의 선발인원이 35%~40% 정도이기에 긍정적인 결과를 기대할 수 있다.

하지만 핵심은 학업역량, 진로역량, 공동체 역량의 평가항목에서 얼마나 우수하게 평가받느냐가 관건이다. 대학에서 높은 비중을 두는 역량이 자신의 생기부에 잘 드러나 있는지 살펴봐야 한다. 또한 진로와 관련된 탐구 활동과 결과를 확인하고 지원해야 한다.

　상위권 대학의 교과전형이나 학종은 수능최저기준이 비교적 높게 형성된다. 하지만 학종에서 내신등급이 교과전형보다는 0.5~1등급 정도 낮게 형성될 수 있음에 유념해야 한다. 대학에서 제시하는 다양한 평가요소를 꼼꼼히 분석하고 자신의 비교과의 경쟁력이 적합한지를 판단하고 지원해야 한다.

수능최저학력기준 충족에 최선을

수시전형으로 지원한다고 수능 공부를 소홀히 하는 경향이 있다. 하지만 수능최저기준을 충족하면 대학의 수준이 달라진다는 점을 유념해야 한다. 수능최저기준을 제시하고 있는 대학은 경쟁률도 낮고 커트라인도 다소 낮게 형성된다. 심지어 실질 경쟁률이 1/2 또는 2/3로 떨어지는 경우도 많다.

　교과전형의 경우에도 상위권 대부분의 대학들이 수능최저기준을 요구하고 있다. 수능최저학력기준의 충족 여부에 따라 지원할 수 있는 대학이 달라진다. 학종도 상위권의 대학은 수능최저기준을 요구하고 있기에 이를 충족하지 못하면 합격 가능성이 떨어진다는 것을 명심하고 수능 공부에 최선을 다해야 할 것이다.

　의치한약대는 대부분의 대학이 4개 영역을 모두 반영한다. 한 영역에서조차 등급이 떨어지면 지원조차 힘들 수 있다. 그 외의 일반학과는 2~3개 영역을 요구한다. 극복이 불가능하다고 판단되는 취약한 영역은 버리고 경쟁력 있는 영역에 집중하는 것도 학습의 효율성 측면에서 유리한 전략이 될 수 있다.

수학이 강한 경우 수리논술로

교과성적이 좋지 않고 비교과도 경쟁력이 떨어진다고 생각되면 수시 역전의 돌파구로 논술로 지원하는 전략이 타당하다. 자연계 학생의 경우 다른 영역은 취약한데 수학만 1, 2등급인 학생들은 수리논술에 집중하는 것이 가장 좋은 선택이 될 수 있다. 수리논술과 수학 등급은 상관관계가 매우 높기 때문이다.

〈수리논술만 실시하는 대학〉

가톨릭대 의예, 동국대, 서강대, 서울시립대, 성균관대, 숙명여대, 숭실대, 연세대, 이화여대, 한양대, 홍익대

2025학년도 입시에서는 전년도에 비해 3개 대학이 늘어난 41개 대학에서 논술로 1만 1,213명을 선발한다. 논술전형은 대부분의 대학이 수능최저기준을 부과하므로 이를 충족할 수 있도록 수능 공부와 병행하는 자세가 필요하다. 또한 논술고사가 수능 이전인지 이후인지에 따라 유불리가 다를 수 있기에 이를 확인해야 한다.

인문논술은 국어 비문학과 사탐과의 연관성이 높다. 제시문도 EBS나 교과서 지문에서 출제되는 경우가 많다. 윤리와 사상이나 사회문화 등 사탐과 관련 있는 다양한 주제를 파악하고, 제시문을 비판하고 견해를 제시하는 연습이 논술준비에 도움이 된다. 대학마다 출제유형이 다른 경우가 많기에 기출문제와 채점기준을 철저히 숙지하고 준비해야 한다.

재학생에게 유리해진 교과전형

2025학년도에 교과전형은 재수생의 지원을 제한하는 학교가 많아 재학생이 유리할 수 있다. 경희대, 고려대, 서강대, 성균관대, 연세대는 재학생만으로 지원을 제한한다. 단 서울대 연고대를 비롯한 상위권 대학은 의예과를 비롯하여 경영, 경제의 선발인원 감소가 두드러지므로 이를 고려한 지원이 필요하다.

교과전형에서 대학마다 반영하는 과목 수에 따라 유불리가 달라질 수 있다. 전 과목을 반영하기도 하지만 10과목, 6과목, 심지어 3과목만 반영하는 대학도 있기 때문이다. 또한 건국대, 경희대, 고려대, 동국대는 교과전형에서도 정성평가 중심의 서류평가를 실시하기에 이것이 변수가 될 수 있다.

또한 진로 선택과목 반영에 있어서 한국외대가 과목 성취도를 등급으로 환산해 반영하지만 나머지 서울 주요 대학들(건국대, 동국대, 성균관대)은 점수화하지 않고 정성평가 요소로만 활용한다.

3학년 학생들을 대상으로 컨설팅을 진행하다보면 이미 기록이 끝나있기에 아쉬움만 남기는 경우가 많다. 1, 2학년 학생들은 학종에 적합하고 풍성한 생기부가 작성될 수 있도록 다양한 활동을 설계하고 비교과 활동을 챙기는 등 최대한 보완하여 학종의 경쟁력을 높이는데 최선을 다해야 한다.

자신감과 집중력이 합격을 좌우

수시보다 정시로 방향을 정한 경우에 고민이 없는 것이 아니다. 재학생들은 모의고사 성적이 좋더라도 이 성적이 계속 유지될 것인가에 자신감이 떨어져 자신의 성적을 확신하지 못하는 경우가 많기 때문이다.

자신의 수능 전국적인 위치를 정확히 확인할 수 있는 것은 6월 모의평가가 될 수 있다. 6월 모평은 재수생이 참여하기에 자신의 수능 경쟁력을 정확히 확인해 볼 수 있다. 이때 자신의 등급이 하락해 수능최저기준을 충족하기 힘든 경우도 예상할 수도 있다. 이전의 모의고사는 잊고 수능에 최선을 다한다는 생각으로 수능 공부에 매진하는 것이 현명한 방법이다.

정시 지원을 노리는 학생들도 수시 원서를 접수하는 9월 중순 전후로 혼잡한 분위기를 극복하려는 자세가 필요하다. 정시를 목표로 잡은 학생들도 6번의 수시지원 기회를 놓치지 않기 위해 수시원서를 쓰기도 한다. 수능최저기준을 충족시킬 수 있다는 기대감으로 수능최저기준이 높은 대학을 노리기도 하고 막연한 기대감으로 논술전형에 도전하기도 한다.

그런데 수시원서를 쓴 후 기대감에 들떠서 수능 공부에 집중하기가 쉽지 않다. 이 시기에 집중력이 흐트러져 수능 마무리를 소홀히 하기 쉽다. 이때의 정신력이 수능에 큰 영향을 끼칠 수 있음을 유념해야 한다.

우수한 학생의 경쟁력

학종이 학생들의 대입에 수단인 현실에서 정시 비중이 40%나 된다. 이상적인 시각에서는 정시 비중이 축소되어야 학종이 더욱 빛을 발하는데, 정시 비중을 건드리지 못하게 못을 박았다.

우리나라의 교육정책이 정치적 이해득실에 따라 손쉽게 뒤집혀질 수 있음이 증명된 사례다.

양쪽 모두 준비해야만 되는 이중고

수시 비중이 줄고 정시가 40%로 공고하기 때문에 학생들은 정시를 버릴 수가 없다. 결국 수시와 정시 양쪽 모두 준비해야만 되는 이중고다. 하지만 상위권의 학생들은 입시전형의 변화에 별로 개의치 않는다.

상위권은 어차피 진로선택의 범위가 '의치한약수'나 명문대의 상위권으로 상향지원이 일반적이다.

또한 수시라 할지라도 상위권 대학은 대부분이 수능최저기준을 부과한다. 수도권 메이져 의대는 3개 영역 합4부터 낮게는 4개 영역 합5를 요구한다. 일반학과도 상위권 대학은 3개 영역 합7을 요구한다. 그렇기에 학종으로 상향지원을 노리며 학종 준비를 하지만 여의치 않으면 탄탄한 수능 실력으로 정시 대학 합격을 노려볼 수 있다.

〈상위권의 수능성적을 내기 위한 방법〉

실행 방법	구체적 내용
체계적인 학습계획수립	과목별로 학습목표를 설정하고, 일정에 맞춰 공부계획을 세우고 시간을 효율적으로 활용해야 함.
전체적인 공부량과 균형	국수영탐의 영역을 균형 있게 공부해야 함. 강점이 있는 과목만 공부하는 것이 아닌 약점을 보완하고 전체적인 성적향상을 위해 노력해야 함.
개별 과목 공부전략	각 과목이 요구하는 효율적인 공부방법 전략수립. 적절한 선행학습과 더불어 연습문제를 풀어보는 공부방법을 적용.
모의고사 및 기출문제 풀이	모의고사나 기출수능문제를 풀면서 실전경험을 쌓아야 함. 정해진 시간 내에 문제를 해결하는 연습을 통해 시험에 대한 자신감을 키우고 실수를 줄이는 연습이 필요함.
학습환경 조성	집중력을 높일 수 있는 조용하고 편안한 학습환경을 조성해야 함.

학종은 학생들의 다양한 능력과 잠재력을 중시한다. 워낙 진로역량을 중시해 조기에 진로를 정하고 과목을 선택하여 공부하고 진학하지 않으면 힘든 것으로 인식된다. 계열과 적합한 다양한 활동을 하면서 학종을 준비하지만 실패하면 난감해진다. 선택의 폭이 크게 줄어들기 때문이다.

하지만 수능 경쟁력이 높은 지역에서는 선택지가 다양하다. 명문대 합격률이나 수능 1.5% 내의 학생들이 휩쓰는 의대도 재수생이 80%를 차지한다. 정시 위주로 진학하는 강남지역의 학교가 수능의 최대 수혜를 받고 있다.

정시는 수능 중심의 전형이다.

수능 문제를 많이 접하면서 반복학습하면 높은 점수를 받을 확률이 높아진다. 수능 문제를 많이 접하고 4점짜리 킬러문제를 정복하기 위해서는 사교육 환경에서 반복적인 훈련을 받을수록 유리해진다.

재학생의 학업 수준이 높고 사교육 인프라가 뛰어나 사교육 혜택을 풍성하게 누릴 수 있는 곳은 결국 강남이다. 수능은 경제력이 좌우하기에 사교육비를 얼마나 투자하느냐에 따라 승패가 갈릴 수 있다.

정시로 진학하는 학생들은 수능 적응도가 뛰어나다. 사고력을 측정하는 시험인데 수능성적이 좋으면 점수에 맞춰서 학과를 바꾸어 선택하기도 한다. 또 점수에 맞게 대학을 과감히 바꾸기도 하는 경향이 있다.

학업역량이 받쳐주는 학생들은 유사한 전공하에서는 역량을 발휘하는데, 크게 무리가 없다. 어차피 1학년 때는 다양한 경험과 탐색을 하고 2학년 올라갈 때 학과를 정하는 것이 최근의 추세이다. 그렇기에 특별한 전공에 집착하기보다는 다양한 탐색을 하면서 점점 진로를 좁혀가는 태도를 보인다.

확고한 정시의 경쟁력

정시는 백분위와 표준점수로 상대적으로 안정적이고 예측이 가능하다. 학종은 세특이 중요한데 충실한 활동을 했는데도 평가가 다르게 나오기도 한다. 선생님들에 따라서는 세특을 부실하게 기재해 주기도 하고 학교마다 평가방법이 다르다.

그래서 입으로 전해지는 말이 있다.

"학생부 종합전형은 어느 고등학교를 가고 어느 교사를 만나는 가에 따라서 달라진다."

또한 학종은 학교마다 평가기준이 상이하기 때문에 어느 대학이 가능한지 더욱 가늠하기가 쉽지만은 않다. 하지만 정시는 점수에 따라서 진학하기에 어느 대학 어느 학과가 적합한지 예측이 가능하다고 할 수 있다.

2, 3학년에 올라가면서 흥미와 능력에 맞는 새로운 진로에 관심이 생길 수 있다. 지금까지 진로에 맞춰서 활동한 내용과 달라지면 기재된 생기부의 영향력이 감소될 수 있는 것이다. 하지만 정시 경쟁력이 탄탄하면 이 모든 고민을 날려버릴 수 있다.

한마디로 선택지가 다양한 것이다.

〈수능점수가 상위권일 때 입시에서의 강점〉

수시 최저학력기준 충족	수시에서 최저학력기준을 충족하면 실질 경쟁률이 낮아지기에 낮은 내신에도 합격의 가능성이 높아짐.
논술의 높은 가능성	논술실력은 수능과 상관관계가 높고 수능최저학력기준을 충족하면 합격의 가능성이 높아짐.
새로운 진로탐색의 가능성	정시에서 학과에 관계없이 학과를 선택할 수 있으므로 새로운 진로를 개척할 수 있음.

진로는 미래의 직업에 대한 희망과 전망에 따라서 바뀔 수 있다. 고학년으로 올라가면서 다양한 교과를 공부하고 다양한 경험을 하면서 시야는 더 넓어지고 새로운 꿈이 생길 수 있다. 진로를 바꿔 학과를 마음대로 선택할 수 있게 해주는 것은 정시를 통해서이다.

수능 난이도가 상승하면 수능 상위권이 몰려 있는 강남학생들의 성적이 높기에 상대적으로 유리해진다. 서울대 합격자 상위 30개교 중에 절반은 특목고와 자사고가 차지하지만, 나머지 절반이 강남서초의 명문 일반고교들이다.

수능 경쟁력이 높은 학생들은 논술에도 강점이 있다. 수리논술은 수학의 강점이 있는 학생들의 합격 가능성이 매우 높다. 그래서 수시에서 상향지원으로 논술에 지원을 하기도 한다.

'아니면 말고!!'식의 전략으로 접근한다.

합격하면 좋고 아니면 정시로 지원하여 진학하는 전략을 구사할 수 있다는 자신감의 발로이다. 우수한 학교의 우수한 프로그램으로 경쟁력을 쌓아 학종으로 지원해보고, 실패하면 수능도 강하니 진로를 바꿔 점수에 맞게 진학할 수 있다. 우수한 학생들은 어느 쪽이든 성공적인 대학입학의 희망을 실현시킬 수 있다.

08월

논술

자연계 논술에서는 수학 개념과 공식을 이해하는 것이 필수이다. 공식을 증명하라는 문제가 나오는 것만 봐도 원리의 중요성을 알 수 있다. 논술 공부를 병행하면서 고난도 수학문제를 풀며 심화학습을 하면 논술과 제시문 면접 준비가 저절로 된다. 상위권 대학은 우수한 학생을 가려내고자 단원 간 연계 문제를 출제하는 경향이 있다. 문제를 다양한 각도에서 분석하고 풀이과정을 써보면서 출제의도를 파악하는 훈련을 꾸준히 해야 충분히 대처할 수 있다.

학종활동 자기관리 기록지 ❶   08월 1 주   (월 일 ~ 월 일)

분야	내용	구체적 활동 내용				
교과 수업 (공통 과목/ 일반 선택 과목/ 진로 선택 과목)	세부 활동 내용 (주요 교과 포함 전 교과)	활동내용	A / B / C / D / E	활동내용	A / B / C / D / E	
		성적의 성취도	A / B / C / D / E	전공관련 과목이수	A / B / C / D / E	
		성적 향상정도	A / B / C / D / E	학습위계 정도	A / B / C / D / E	
		교과활동 충실도	A / B / C / D / E	이수교과의 학업성취	A / B / C / D / E	
		활동의 일관성	A / B / C / D / E	교과활동 충실도	A / B / C / D / E	
		다른교과와 연계	A / B / C / D / E	학년별 심화 · 확장	A / B / C / D / E	
	발표	주제		내용		
		주장		해결책 제시		
	토론	주제		쟁점		
		질문		자신의 주장		
		반론		대안 제시		

학종활동 자기관리 기록지 ❷   08월 1 주   (월 일 ~ 월 일)

세부활동 내용	1회	2회	3회	세부활동 내용	1회	2회	3회	세부활동 내용	1회	2회	3회
정리설명				문제제기				개선안 제안			
비교설명				개선촉구				문제점 제시			
PPT발표				보고서 작성				해결책 제시			
진로연결				다른시각 제시				지식의 실생활활용			
정책제시				비판적 질문				연계적 질문			
과제물 완성				협력 글쓰기				사례적용			
논리적 반박				자료활동				비교분석			
개선촉구				서평쓰기				반론제기			
관심확장				질문생성				교과융합			
조사활동				탐구활동				심화활동			
관점표명				내용비교				실험 설계수행			

학종활동 자기관리 기록지 **3** 08월 **1** 주 (월 일 ~ 월 일)

분야	내용	구체적 활동내용		
독서	독서 동기		진로/학업 연관성	
	지식 확장		교과/진로 심화독서	
탐구 보고서	탐구 이유		탐구주제	
	연관 교과		제언 및 후속탐구	
창체 활동	활동 내용		학업/진로 연계활동	
	심화 탐구		활동의 연관성	
공동체 역량	경청/ 공감		정보와 생각전달	
	협업		계획실행 주도경험	

학종활동 자기관리 기록지 **1** 08월 _2_주 (월 일 ~ 월 일)

분야	내용	구체적 활동 내용				
교과 수업 (공통 과목/ 일반 선택 과목/ 진로 선택 과목)	세부 활동 내용 (주요 교과 포함 전 교과)	활동내용	A/B/C/D/E	활동내용	A/B/C/D/E	
		성적의 성취도	A/B/C/D/E	전공관련 과목이수	A/B/C/D/E	
		성적 향상정도	A/B/C/D/E	학습위계 정도	A/B/C/D/E	
		교과활동 충실도	A/B/C/D/E	이수교과의 학업성취	A/B/C/D/E	
		활동의 일관성	A/B/C/D/E	교과활동 충실도	A/B/C/D/E	
		다른교과와 연계	A/B/C/D/E	학년별 심화·확장	A/B/C/D/E	
	발표	주제		내용		
		주장		해결책 제시		
	토론	주제		쟁점		
		질문		자신의 주장		
		반론		대안 제시		

학종활동 자기관리 기록지 ❷ 08월 2 주 (월 일 ~ 월 일)

세부활동 내용	1회	2회	3회	세부활동 내용	1회	2회	3회	세부활동 내용	1회	2회	3회
정리설명				문제제기				개선안 제안			
비교설명				개선촉구				문제점 제시			
PPT발표				보고서 작성				해결책 제시			
진로연결				다른시각 제시				지식의 실생활활용			
정책제시				비판적 질문				연계적 질문			
과제물 완성				협력 글쓰기				사례적용			
논리적 반박				자료활동				비교분석			
개선촉구				서평쓰기				반론제기			
관심확장				질문생성				교과융합			
조사활동				탐구활동				심화활동			
관점표명				내용비교				실험 설계수행			

학종활동 자기관리 기록지 ❸ 08월 _2_주 (월 일 ~ 월 일)

분야	내용	구체적 활동내용		
독서	독서 동기		진로/학업 연관성	
	지식 확장		교과/진로 심화독서	
탐구 보고서	탐구 이유		탐구주제	
	연관 교과		제언 및 후속탐구	
창체 활동	활동 내용		학업/진로 연계활동	
	심화 탐구		활동의 연관성	
공동체 역량	경청/ 공감		정보와 생각전달	
	협업		계획실행 주도경험	

학종활동 자기관리 기록지 **1**   08월 **3** 주   (월 일~ 월 일)

분야	내용	구체적 활동 내용				
교과 수업 (공통 과목/ 일반 선택 과목/ 진로 선택 과목)	세부 활동 내용 (주요 교과 포함 전 교과)	활동내용	A / B / C / D / E	활동내용		A / B / C / D / E
		성적의 성취도	A / B / C / D / E	전공관련 과목이수		A / B / C / D / E
		성적 향상정도	A / B / C / D / E	학습위계 정도		A / B / C / D / E
		교과활동 충실도	A / B / C / D / E	이수교과의 학업성취		A / B / C / D / E
		활동의 일관성	A / B / C / D / E	교과활동 충실도		A / B / C / D / E
		다른교과와 연계	A / B / C / D / E	학년별 심화 · 확장		A / B / C / D / E
	발표	주제		내용		
		주장		해결책 제시		
	토론	주제		쟁점		
		질문		자신의 주장		
		반론		대안 제시		

학종활동 자기관리 기록지 ❷   <u>08월 3</u> 주   (월   일 ~   월   일)

세부활동 내용	1회	2회	3회	세부활동 내용	1회	2회	3회	세부활동 내용	1회	2회	3회
정리설명				문제제기				개선안 제안			
비교설명				개선촉구				문제점 제시			
PPT발표				보고서 작성				해결책 제시			
진로연결				다른시각 제시				지식의 실생활활용			
정책제시				비판적 질문				연계적 질문			
과제물 완성				협력 글쓰기				사례적용			
논리적 반박				자료활동				비교분석			
개선촉구				서평쓰기				반론제기			
관심확장				질문생성				교과융합			
조사활동				탐구활동				심화활동			
관점표명				내용비교				실험 설계수행			

학종활동 자기관리 기록지 ❸   08월 3 주   (월 일~ 월 일)

분야	내용	구체적 활동내용		
독서	독서 동기		진로/학업 연관성	
	지식 확장		교과/진로 심화독서	
탐구 보고서	탐구 이유		탐구주제	
	연관 교과		제언 및 후속탐구	
창체 활동	활동 내용		학업/진로 연계활동	
	심화 탐구		활동의 연관성	
공동체 역량	경청/ 공감		정보와 생각전달	
	협업		계획실행 주도경험	

학종활동 자기관리 기록지 ❶   08월 _4_ 주   (월   일 ~   월   일)

분야	내용	구체적 활동 내용			
교과 수업 (공통 과목/ 일반 선택 과목/ 진로 선택 과목)	세부 활동 내용 (주요 교과 포함 전 교과)	활동내용	A / B / C / D / E	활동내용	A / B / C / D / E
		성적의 성취도	A / B / C / D / E	전공관련 과목이수	A / B / C / D / E
		성적 향상정도	A / B / C / D / E	학습위계 정도	A / B / C / D / E
		교과활동 충실도	A / B / C / D / E	이수교과의 학업성취	A / B / C / D / E
		활동의 일관성	A / B / C / D / E	교과활동 충실도	A / B / C / D / E
		다른교과와 연계	A / B / C / D / E	학년별 심화 · 확장	A / B / C / D / E
	발표	주제		내용	
		주장		해결책 제시	
	토론	주제		쟁점	
		질문		자신의 주장	
		반론		대안 제시	

학종활동 자기관리 기록지 ❷ 08월 __4__ 주   (월 일~ 월 일)

세부활동 내용	1회	2회	3회	세부활동 내용	1회	2회	3회	세부활동 내용	1회	2회	3회
정리설명				문제제기				개선안 제안			
비교설명				개선촉구				문제점 제시			
PPT발표				보고서 작성				해결책 제시			
진로연결				다른시각 제시				지식의 실생활활용			
정책제시				비판적 질문				연계적 질문			
과제물 완성				협력 글쓰기				사례적용			
논리적 반박				자료활동				비교분석			
개선촉구				서평쓰기				반론제기			
관심확장				질문생성				교과융합			
조사활동				탐구활동				심화활동			
관점표명				내용비교				실험 설계수행			

학종활동 자기관리 기록지 ❸ 08월 __4__ 주 (월 일 ~ 월 일)

분야	내용	구체적 활동내용		
독서	독서 동기		진로/학업 연관성	
	지식 확장		교과/진로 심화독서	
탐구 보고서	탐구 이유		탐구주제	
	연관 교과		제언 및 후속탐구	
창체 활동	활동 내용		학업/진로 연계활동	
	심화 탐구		활동의 연관성	
공동체 역량	경청/ 공감		정보와 생각전달	
	협업		계획실행 주도경험	

상향지원으로 논술과 제시문 면접 공략하기

학력 수준은 높으나 내신이 낮아 교과전형 지원은 힘들고 학생부 종합전형도 자신하지 못할 수 있다. 하지만 수능 경쟁력은 높아 수능최저학력기준을 충족할 자신이 있는 경우 공략할 수 있는 전형은 명확해진다.

논술 아니면 제시문 면접을 시행하는 전형에 도전하는 것이 대안이 될 수 있다. 인문계 논술에서 중요한 것은 독해, 비판, 추리 그리고 표현능력이다. 이 가운데서도 핵심은 제시문을 읽고 이해하는 독해의 능력일 것이다. 제시문을 철저하게 이해하지 못하면 한 줄도 쓰기 힘들어진다.

짧은 시간에 독해 능력을 키우는 가장 효과적인 방법은 모의고사 국어영역에 출제된 제시문을 읽고 요약하는 훈련을 하는 것이다. 이때 제시문이 주장하는 바를 뒤집어보는 연습을 해보는 것도 효과가 있다.

또한 사례를 통해 반론에 대한 근거를 제시하고 의견을 첨부해 글을 완성하는 연습이 도움이 된다. 이러한 연습은 사고력을 키우고 제시문 면접과 수능 국어영역을 동시에 대비하는 효과를 얻을 수 있다.

논술과 제시문 면접의 유사성

자연계 논술에서는 수학 개념과 공식을 이해하는 것이 필수이다. 공식을 증명하라는 문제가 나오는 것만 봐도 원리의 중요성을 알 수 있다. 논술 공부를 병행하면서 고난도 수학문제를 풀며 심화학습을 하면 논술과 제시문 면접 준비가 저절로 된다.

상위권 대학은 우수한 학생을 가려내고자 단원 간 연계 문제를 출제하는 경향이 있다. 문제를 다양한 각도에서 분석하고 풀이과정을 써보면서 출제의 도를 파악하는 훈련을 꾸준히 해야 충분히 대처할 수 있다.

〈연세대 논술문제〉

- [문제 1-1] 제시문 (나)를 바탕으로 기술에 대한 제시문 (가)와 제시문 (다)의 주장을 설명하시오. (600자 안팎, 25점)
- [문제 1-2] 아래 [지문 A]를 바탕으로 제시문 (가)와 제시문 (다)를 평가하시오. (600자 안팎, 25점)
- [문제 2-1] 제시문 (라)를 분석하고, 이를 바탕으로 제시문 (가)와 제시문 (나)를 평가하시오. (600자 안팎, 25점)

또 자연계 논술이라도 무조건 풀이과정만 연습할 게 아니라 수학 개념을 정확히 이해하고 이를 확장하려는 노력이 필요하다. 수학 개념을 설명하지 못하면 수리논술에서 좋은 점수를 받기가 쉽지 않다. 풀이나 개념을 적용해 상황을 설명하는 연습을 하면서 수학적 논리력을 키우는 것이 중요하다.

제시문 면접을 실시하는 대학은 제시문 3~4개를 주고 이를 근거로 이에 대한 의견이나 해결방안을 요구하고 있다. 제시문 면접도 논술이 요구하는 역량과 근본적으로 다르지 않기 때문에 논술의 '면접버전'이라 할 수 있다.

평소 사고력과 논리력을 키우면서 비판하고 다양한 관점에서 분석해보는 노력을 해오지 않았다면 답변하기 어려운 것도 사실이다. 자신의 주장을 펼칠 때 근거와 뒷받침해주는 내용을 동원한다면 좋은 평가를 받을 수 있다. 예시를 들만한 이론과 사상가들을 준비해 간다면 탄탄한 답변이 될 수 있다.

〈제시문 면접 기출문제〉

1. 제시문 (가), (나), (다)에는 집단의 의사를 결정하는 다양한 방식들이 포함되어 있다. 그 방식들을 각각 설명하시오. (60점) -연세대
2. (나), (다), (라) 각각에 근거하여 (가)에 나타난 정부의 물가 변동 파악 방식의 한계점을 설명하시오. -서울대

상위권 대학의 제시문 면접을 준비할 때 대학별 출제 경향을 파악하여 기출문제를 많이 풀어보는 것이 좋은 대비책이 될 수 있다. 더불어 항목별 배점도 확인하는 것이 도움이 된다. 답을 설명할 때는 근거와 논거를 제시하는 것이 설득력이 높다.

모의 면접을 통하여 서로 역할을 바꿔가며 질문과 답변을 하면 실전 감각을 익힐 수 있다. 두괄식으로 본인의 생각을 던진 후 지문에서 근거를 끌고 와 이유를 설명하는 방식으로 답변을 하는 것도 좋은 방법이다. 계속되는 추가 질문을 만들어 답하는 연습하다보면 논리의 취약점을 파악하고 보완하는 기회가 될 수 있다.

중요한 시사 이슈는 면접에서뿐만 아니라 논술문제에서 다루는 경우가 종종 있다. 시사 이슈들을 이용해 수능 국어의 비문학 지문을 만들기도 한다. 교육과정에서 다뤘던 내용이나 EBS지문과 연관된 시사 이슈를 정리하여 알아두면 도움이 될 것이다.

자연계 선호가 90%에 이른다니

미래사회 전망에 따라 자연계에 대한 선호가 높아지고 있다. 자신의 소질과 적성에 따라 학과를 선택하고 자신의 능력을 발휘하는 것이 직업 선택의 개인적 요소라고 할 수 있다. 하지만 최근에 이공계 집중육성 정책에 호응하여 자연계에 대한 선호가 90%에 이르고 있다.

순수자연계열은 10%밖에

최근에 한 사교육기관이 초중학부모를 대상으로 한 조사에 의하면 자녀가 이과를 가기를 희망하는 비율이 90%로 나타났다. 문과생의 경우 취업의 문이 좁아 취업이 힘든 사회적인 환경이 그대로 반영되고 있다고 할 수 있다.

소질과 적성을 발휘한다고 하지만 대학 졸업 후 취업에 대한 불확실성이 압도하는 힘든 환경에서 문과만을 고집하기란 쉽지 않다. 이과는 수학과 과학이 핵심이기에 관심을 갖고 꾸준히 공부하면 그리 높은 벽이 아닐 수도 있다.

의학계열에 대한 높은 선호가 압도적인 것은 여전하다. 학부모 중 의학계열을 희망하는 층은 50%에 이르고 공학계열은 40% 정도이다. 순수자연계열은 10%밖에 되지 않는다. 직업을 선택할 때 소질과 적성도 고려해야 하지만 직업의 미래전망이 크게 작용한다는 것을 단적으로 증명한다고 볼 수 있다.

진로선택은 다양한 요소가 작용

소질과 적성을 바탕으로 진로와 적성에 맞는 과목을 선택하는 것이 원론적인 입장이지만, 이러한 사회적 요소가 크게 영향을 끼치는 것을 볼 수 있다.

〈진로선택기준〉

선택요소	설 명
개인요소	적성, 흥미, 재능(소질), 열정, 의지, 성격, 신체조건 등
환경요소	가정환경, 지역환경
사회요소	미래사회 전망, 미래직업세계 전망

진로선택은 다양한 요소가 작용한다. 적성이나 흥미와 관련된 개인적인 요소도 있고, 가정환경이나 지역환경적인 요소가 진로선택에 영향을 끼친다. 미래사회의 전망에 따라 유망한 직종을 진로선택의 최우선 기준으로 설정하는 경우도 많다.

수능 전국 1, 2위가 20년 전에는 서울대의 물리학과나 수학과로 진학했다. 하지만 IMF로 이공계 직장에 대한 직업 안정성이 흔들리는 것을 보고 이과생들이 의대 쏠림현상이 심화되기 시작했다. 직업의 인기도, 안정성에 따라 진로를 선택하는 대표적인 예가 될 수 있다.

20년이 지난 지금에는 지방의대까지 채우고 서울대 컴퓨터학과를 지원하는 현상이 일어난다. 기업체나 연구소의 이공계 일자리가 더이상 안정적인 일자리가 아니라는 인식을 갖기 시작했다. 이후 이공계 대비 직업 안정성과 고소득에 대한 선호로 의대 쏠림현상이 일어나 20년 넘게 이러한 현상이 지속되고 있다.

〈이공계 첨단학과 증설 현황〉

분야	대학	학과명	배정	비고
반도체	서울대	첨단융합학부	56	신설
	성균관대	융합과학계열 반도체 융합공학과	56	신설
	고려대	전자전기 공학부	56	증설
	이화여대	지능형 반도체 공학	30	신설
	세종대	인공지능 데이터사이언스	51	증설
인공지능	연세대	인공지능학과	24	증설
	서울과기대	인공지능응용학과	30	증설
SW · 통신	덕성여대	가상현실융합학과	8	신설
	가천대	금융·빅데이터학부	50	증설
	덕성여대	데이터사이언스학과	15	신설

'의치한약수'는 지속적으로 높은 인기의 흐름을 이어가고 있다. 하지만 의약학계열 다음으로는 컴퓨터와 반도체 관련 학과가 이공계 최상위권에 위치를 이어나가고 있다. 연세대 선호도 1위는 실내건축이다. 하지만 합격점수 1위는 인공지능이다. 성균관대도 소프트웨어가 선호도가 1위이지만 실제로 합격선 1위는 컴퓨터와 SW관련 학과이다.

문과생들의 일자리가 계속 좁아지니

대기업이 대학에 계약학과를 설치하고, 첨단혁신융합학부에 중점적으로 투자함으로써 최상위권의 위치를 공고히 하고 있다. 이공계의 전망이 유망하기에 학과선택기준이 첨단학과에 대한 관심이 증대되고 있는 것이다.

〈2023 주요 대학 정시 경쟁률 상위 3개 학과〉

순위	서울대	연세대	고려대	성균관대
1	에너지자원공학과	실내건축(자연)	차세대통신	소프트웨어
2	컴퓨터공학부	시스템반도체	반도체공학	컴퓨터교육
3	의류학과	IT융합공학	데이터과학	공학계열

　미래사회에 대한 밝은 전망으로 이공계에 대한 관심이 높아져서 진로선택에 영향을 주는 것은 긍정적인 모습이다. 주요 대학 정시 경쟁률의 상위학과들은 컴퓨터나 반도체학과들이 채우고 있다. 반도체, AI, 바이오헬스 등 첨단 분야의 인재 수요가 많아 졸업하면 바로 취업이 되는 계약학과를 많이 설립하니 우수한 학생들이 더욱 관심을 가진다.

　문과생들의 일자리가 계속 좁아지니 학생들의 이과 선호가 두드러지고 있다. 어려운 경제 상황 속에서 기업의 채용계획 인원의 70%가 이공계열이다. 취업에서의 유리함과 정부의 이공계 중심 정책도 이과 선호와 맞물리고 있다. 이공계의 미래전망이 밝아지면서 학생들이 자연계에 대한 관심이 자연스럽게 높아지는 것이다.

면접이 없는 학종도 있다

학종에서 면접은 학생들에게 상당한 부담이 될 수도 있다. 대학은 면접을 통해서 학생의 의사소통능력이나 문제해결능력을 파악하려고 한다. 그렇기에 소통능력에 자신이 없는 학생들은 면접을 통해서 내신의 불리함을 만회할 기회를 만들지 못할 수 있다. 면접을 통해서 30~40%의 학생들이 역전에 성공할 수 있는 기회를 놓치는 것도 안타까운 일이다.

물론 면접도 충분한 준비를 통해서 자신감을 가질 수 있다. 생기부를 기반으로 추가적으로 이어지는 예상 질문들을 준비하고 관심 있게 활동하거나 깊이 있게 공부해온 내용들을 준비하면 충분히 대처할 수 있는 것도 사실이다.

진로 관련 활동이 우수해야

면접에 자신이 없거나 지원에 여유가 있는 학생은 면접이 없이 100% 서류전형을 하는 학종에 관심을 가질 수 있다. 서류형은 다른 평가요소를 반영하지 않고 100% 서류만을 통하여 일괄합산전형으로 지원하기에 입시에 대한 부담이 감소하는 것이 장점이다.

단 면접형에 비해 내신 성적이 우수해야 하고 진로 관련 활동이 우수해야 가능성이 높다는 전제가 있다. 진로탐색활동과 경험, 탐구력과 학업성취 등 진로역량과 학업역량을 확인하기에 심화학습이나 탐구활동의 경쟁력을 확인하고 지원하는 것이 필수적이다.

〈일괄합산 전형대학〉

대학	전형명	모집인원	전형방법	수능최저
가톨릭대	잠재능력우수자	412	서류100	X
고려대	학업우수	970	서류100	O
광운대	광운참빛인재(서류)	163	서류100	X
국민대	학교생활우수자	398	서류100	X
단국대(죽전)	DKU인재(서류형)	226	서류100	X
덕성여대	덕성인재I(서류형)	66	서류100	X
명지대	명지인재서류	252	서류100	X
상명대	상명인재	137	서류100	X
서강대	학생부종합(일반)	558	서류100	X
서울시립대	학생부종합II(서류형)	185	서류100	O
서울여대	바롬인재서류	194	서류100	X
성균관대	융합형	421	서류100	X
	탐구형	458	서류100 의예/사범대/스포츠과학:1단계(3배수 내외, 의예 5배수 sodhlo):서류100 2단계:1단계70+면접30	X
성신여대	학교생활우수자	226	서류100	X
세종대	창의인재(서류형)	150	서류100	X
숙명여대	숙명인재I(서류형)	91	서류100	X
	숙명디지털융합인재	58	서류100	X
을지대	EU미래인재	113	서류100	X
이화여대	미래인재	993	서류100	O
중앙대	CAU융합형인재	457	서류100	X
한경국립대	잠재력우수자	283	서류100	X
한국외대(서울)	학생부종합(서류형)	235	서류100	X
한성대	한성인재	25	서류100	X
한양대(서울)	학생부종합(추천형)	156	학생부 종합평가 100	O
	학생부종합(서류형)	737		X
한양대(에리카)	학생부종합(일반)	516	학생부 종합평가 100	X
홍익대(서울)	학교생활우수자	467	서류100	O

가톨릭대가 면접전형을 폐지하고 잠재능력우수자전형으로 통합운영한다. 단국대는 면접형의 모집인원을 대폭 줄이고 서류형의 모집인원을 대폭 늘렸다. 성균관대는 서류 100%로 모집하는데 모집단위 및 평가영역별 특성에 맞추어 전형명칭을 구분한다. 서울시립대와 한양대(추천형)은 수능최저학력기준을 활용한다.

09월

수시납치

원서지원 전 마지막으로 고려해야 할 사항들

➤ 수시납치가 걱정된다면

➤ 면접형, 서류형에서도 정시 가능성을 염두에 두어야

➤ 학종에서 전공을 바꾼다면

➤ 경쟁률의 허상을 간파해야

수학이 취약하면 지원조차 힘들어진다

➤ 수학 공부를 등한시했다면

➤ 정시 합격을 좌우하는 수학

내신보다 수능이 뛰어난 학생들은 논술로 상향지원하곤 한다. 수능 전에 논술을 치르는 대학도 마찬가지이다. 논술전형에 합격했는데, 가채점 결과 정시에서 더 좋은 대학에 들어갈 수 있는 점수가 나오면 탄식하지 않을 수 없다. 바로 재수로 돌입하는 학생들도 있다. 그렇기에 신중한 판단이 요구된다. 자신의 수능 가능성을 면밀하게 판단하여 수능 이전에 면접이나 논술을 시행하는 대학에 지원할 때 응시 여부를 신중하게 판단해야 한다.

학종활동 자기관리 기록지 ❶   09월 1 주   (월 일 ~ 월 일)

분야	내용	구체적 활동 내용			
교과 수업 (공통 과목/ 일반 선택 과목/ 진로 선택 과목)	세부 활동 내용 (주요 교과 포함 전 교과)	활동내용	A/B/C/D/E	활동내용	A/B/C/D/E
		성적의 성취도	A/B/C/D/E	전공관련 과목이수	A/B/C/D/E
		성적 향상정도	A/B/C/D/E	학습위계 정도	A/B/C/D/E
		교과활동 충실도	A/B/C/D/E	이수교과의 학업성취	A/B/C/D/E
		활동의 일관성	A/B/C/D/E	교과활동 충실도	A/B/C/D/E
		다른교과와 연계	A/B/C/D/E	학년별 심화·확장	A/B/C/D/E
	발표	주제		내용	
		주장		해결책 제시	
	토론	주제		쟁점	
		질문		자신의 주장	
		반론		대안 제시	

학종활동 자기관리 기록지 ❷   09월 __1__ 주   (월   일 ~   월   일)

세부활동 내용	1회	2회	3회	세부활동 내용	1회	2회	3회	세부활동 내용	1회	2회	3회
정리설명				문제제기				개선안 제안			
비교설명				개선촉구				문제점 제시			
PPT발표				보고서 작성				해결책 제시			
진로연결				다른시각 제시				지식의 실생활활용			
정책제시				비판적 질문				연계적 질문			
과제물 완성				협력 글쓰기				사례적용			
논리적 반박				자료활동				비교분석			
개선촉구				서평쓰기				반론제기			
관심확장				질문생성				교과융합			
조사활동				탐구활동				심화활동			
관점표명				내용비교				실험 설계수행			

학종활동 자기관리 기록지 ❸   09월 1 주   (월 일~ 월 일)

분야	내용	구체적 활동내용		
독서	독서 동기		진로/학업 연관성	
	지식 확장		교과/진로 심화독서	
탐구 보고서	탐구 이유		탐구주제	
	연관 교과		제언 및 후속탐구	
창체 활동	활동 내용		학업/진로 연계활동	
	심화 탐구		활동의 연관성	
공동체 역량	경청/ 공감		정보와 생각전달	
	협업		계획실행 주도경험	

학종활동 자기관리 기록지 **1**

09월
__2__ 주   (월 일~ 월 일)

분야	내용	구체적 활동 내용				
교과 수업 (공통 과목/ 일반 선택 과목/ 진로 선택 과목)	세부 활동 내용 (주요 교과 포함 전 교과)	활동내용	A/B/C/D/E	활동내용	A/B/C/D/E	
		성적의 성취도	A/B/C/D/E	전공관련 과목이수	A/B/C/D/E	
		성적 향상정도	A/B/C/D/E	학습위계 정도	A/B/C/D/E	
		교과활동 충실도	A/B/C/D/E	이수교과의 학업성취	A/B/C/D/E	
		활동의 일관성	A/B/C/D/E	교과활동 충실도	A/B/C/D/E	
		다른교과와 연계	A/B/C/D/E	학년별 심화·확장	A/B/C/D/E	
	발표	주제		내용		
		주장		해결책 제시		
	토론	주제		쟁점		
		질문		자신의 주장		
		반론		대안 제시		

학종활동 자기관리 기록지 ❷ 09월 2 주 (월 일~ 월 일)

세부활동 내용	1회	2회	3회	세부활동 내용	1회	2회	3회	세부활동 내용	1회	2회	3회
정리설명				문제제기				개선안 제안			
비교설명				개선촉구				문제점 제시			
PPT발표				보고서 작성				해결책 제시			
진로연결				다른시각 제시				지식의 실생활용			
정책제시				비판적 질문				연계적 질문			
과제물 완성				협력 글쓰기				사례적용			
논리적 반박				자료활동				비교분석			
개선촉구				서평쓰기				반론제기			
관심확장				질문생성				교과융합			
조사활동				탐구활동				심화활동			
관점표명				내용비교				실험 설계수행			

학종활동 자기관리 기록지 ❸　　09월 _2_ 주　　(　월　일~　월　일)

분야	내용	구체적 활동내용		
독서	독서 동기		진로/학업 연관성	
	지식 확장		교과/진로 심화독서	
탐구 보고서	탐구 이유		탐구주제	
	연관 교과		제언 및 후속탐구	
창체 활동	활동 내용		학업/진로 연계활동	
	심화 탐구		활동의 연관성	
공동체 역량	경청/ 공감		정보와 생각전달	
	협업		계획실행 주도경험	

학종활동 자기관리 기록지 **1**   09월 **3**_주_   (월 일~ 월 일)

분야	내용	구체적 활동 내용				
교과 수업 (공통 과목/ 일반 선택 과목/ 진로 선택 과목)	세부 활동 내용 (주요 교과 포함 전 교과)	활동내용	A / B / C / D / E	활동내용	A / B / C / D / E	
		성적의 성취도	A / B / C / D / E	전공관련 과목이수	A / B / C / D / E	
		성적 향상정도	A / B / C / D / E	학습위계 정도	A / B / C / D / E	
		교과활동 충실도	A / B / C / D / E	이수교과의 학업성취	A / B / C / D / E	
		활동의 일관성	A / B / C / D / E	교과활동 충실도	A / B / C / D / E	
		다른교과와 연계	A / B / C / D / E	학년별 심화 · 확장	A / B / C / D / E	
	발표	주제		내용		
		주장		해결책 제시		
	토론	주제		쟁점		
		질문		자신의 주장		
		반론		대안 제시		

학종활동 자기관리 기록지 ❷ 09월 __3__ 주 (월 일 ~ 월 일)

세부활동 내용	1회	2회	3회	세부활동 내용	1회	2회	3회	세부활동 내용	1회	2회	3회
정리설명				문제제기				개선안 제안			
비교설명				개선촉구				문제점 제시			
PPT발표				보고서 작성				해결책 제시			
진로연결				다른시각 제시				지식의 실생활활용			
정책제시				비판적 질문				연계적 질문			
과제물 완성				협력 글쓰기				사례적용			
논리적 반박				자료활동				비교분석			
개선촉구				서평쓰기				반론제기			
관심확장				질문생성				교과융합			
조사활동				탐구활동				심화활동			
관점표명				내용비교				실험 설계수행			

학종활동 자기관리 기록지 ❸ Ⓞ⁹ᵂᵉˡ _3_ 주 (월 일~ 월 일)

분야	내용	구체적 활동내용		
독서	독서 동기		진로/학업 연관성	
	지식 확장		교과/진로 심화독서	
탐구 보고서	탐구 이유		탐구주제	
	연관 교과		제언 및 후속탐구	
창체 활동	활동 내용		학업/진로 연계활동	
	심화 탐구		활동의 연관성	
공동체 역량	경청/ 공감		정보와 생각전달	
	협업		계획실행 주도경험	

학종활동 자기관리 기록지 **1**

09월
4 주

(월 일 ~ 월 일)

분야	내용	구체적 활동 내용				
교과 수업 (공통 과목/ 일반 선택 과목/ 진로 선택 과목)	세부 활동 내용 (주요 교과 포함 전 교과)	활동내용	A / B / C / D / E	활동내용	A / B / C / D / E	
		성적의 성취도	A / B / C / D / E	전공관련 과목이수	A / B / C / D / E	
		성적 향상정도	A / B / C / D / E	학습위계 정도	A / B / C / D / E	
		교과활동 충실도	A / B / C / D / E	이수교과의 학업성취	A / B / C / D / E	
		활동의 일관성	A / B / C / D / E	교과활동 충실도	A / B / C / D / E	
		다른교과와 연계	A / B / C / D / E	학년별 심화 · 확장	A / B / C / D / E	
	발표	주제		내용		
		주장		해결책 제시		
	토론	주제		쟁점		
		질문		자신의 주장		
		반론		대안 제시		

학종활동 자기관리 기록지 ❷   09월 4 주   (월 일 ~ 월 일)

세부활동 내용	1회	2회	3회	세부활동 내용	1회	2회	3회	세부활동 내용	1회	2회	3회
정리설명				문제제기				개선안 제안			
비교설명				개선촉구				문제점 제시			
PPT발표				보고서 작성				해결책 제시			
진로연결				다른시각 제시				지식의 실생활용			
정책제시				비판적 질문				연계적 질문			
과제물 완성				협력 글쓰기				사례적용			
논리적 반박				자료활동				비교분석			
개선촉구				서평쓰기				반론제기			
관심확장				질문생성				교과융합			
조사활동				탐구활동				심화활동			
관점표명				내용비교				실험 설계수행			

학종활동 자기관리 기록지 ❸   09월 _4_ 주   (　월　일~ 　월　일)

분야	내용	구체적 활동내용		
독서	독서 동기		진로/학업 연관성	
	지식 확장		교과/진로 심화독서	
탐구 보고서	탐구 이유		탐구주제	
	연관 교과		제언 및 후속탐구	
창체 활동	활동 내용		학업/진로 연계활동	
	심화 탐구		활동의 연관성	
공동체 역량	경청/ 공감		정보와 생각전달	
	협업		계획실행 주도경험	

원서지원 전 마지막으로 고려해야 할 사항들

수시납치가 걱정된다면

수능 이후에 면접을 실시하는 대학에 지원한 경우 가채점 결과 수능점수가 높게 나오면 면접에 응시하지 않으면 그만이다. 하지만 수능 이전에 면접을 시행하는 대학에 면접에 응했는데 가채점 결과가 잘 나오면 낭패가 아닐 수 없다. 소위 '수시납치'를 당하게 된다.

서류형도 선택의 여지가 없다. 중앙대, 서울시립대, 한국외대의 서류형과 서류형으로 선발하는 성균관대는 학과모집의 몇몇 학과를 제외하고는 서류형으로 전형한다. 서류형으로 지원해 놓고 합격했는데 막상 정시에서 더 좋은 대학을 지원할 수 있는 가채점 결과가 나오면 난감하지 않을 수 없다.

또한 내신보다 수능이 뛰어난 학생들은 논술로 상향지원하곤 한다. 수능 전에 논술을 치르는 대학도 마찬가지이다. 논술전형에 합격했는데, 가채점 결과 정시에서 더 좋은 대학에 들어갈 수 있는 점수가 나오면 탄식하지 않을 수 없다. 바로 재수로 돌입하는 학생들도 있다.

그렇기에 신중한 판단이 요구된다. 자신의 수능 가능성을 면밀하게 판단하여 수능 이전에 면접이나 논술을 시행하는 대학에 지원할 때 응시 여부를 신중하게 판단해야 한다.

면접형, 서류형에서도
정시 가능성을 염두에 두어야

전형을 서류형과 면접형으로 분리하여 선발하는데 신중히 판단하면 원서 1장을 절약할 수 있다. 면접형은 면접을 통해서 30~50%의 학생이 역전에 성공하기도 하는데 서류형에 비해 입결이 0.5~1등급 정도 낮게 형성되기도 한다.

　면접형은 생기부에 기재되어 있는 참여한 활동, 탐구활동의 의미나 성취에 대해 구체적이고 간결하게 답변해야 한다. 면접에 자신이 없는 학생들은 100% 서류만을 통한 일괄합산전형에 관심을 가질 필요가 있는데 진로탐색활동과 경험, 탐구력과 학업성취 등 진로역량과 학업역량을 드러내야 한다.

　서류형은 면접에 대한 부담이 감소하기에 면접형에 비해 내신 성적이 우수하거나 진로관련활동에 강점이 있는 학생들이 지원하는 경향이 있다. 하지만 수능이 잘 나올 가능성이 있는지 점검하고 지원할 필요가 있다. 합격통지를 받았는데 가채점 결과 좋은 결과가 나와도 지원이 불가능하기 때문이다.

학종에서 전공을 바꾼다면

학과선택에 따라서 자신의 미래가 달라질 수 있다. 학종을 목표로 전공 적합성을 키웠다고 하지만 막상 지원을 앞두고 생기부에서 진로와 관련된 활동이 부족한 경우를 발견하기도 한다.

　사실상 전공 적합성이 높다고 반드시 합격이 보장되는 것은 아니다. 전공 적합성을 키웠지만, 학업역량이 부족하다고 판단하여 희망했던 진로가 아닌 다른 학과에 관심을 가질 수 있다. 학업역량도 40~50%로 상당한 비중을 차지하기 때문이다.

　또한 다른 여러 가지 이유로 학과를 변경하려고 하기도 한다. 학교 수준을 높이기 위한 목적도 있고 미래에 유망한 직업에 관심이 기울 수도 있다.

학과를 변경하여 지원하려면 생기부를 살펴보면서 지원하려는 학과와 생기부가 어느 정도 연결될 수 있는지를 살펴봐야 한다. 특히 자연계인 경우에 수학에 경쟁력을 보이면 자연계에서 전자전기나 컴퓨터계통은 유리해질 수 있다. 또한 화학에서 통계로 바꾸는 경우 더 유리할 수도 있다.

인문계도 토론, 발표, 탐구에서 강한 면모를 보이면 계열 적합성과 더 광범위하게는 진로탐색 경험과 노력을 인정받을 수 있기에 문제가 되지는 않을 것이다. 단 면접에서 해당 학과에서 요구하는 역량에 부합되도록 설득력 있는 답변을 준비하는 것은 필수적이다.

경쟁률의 허상을 간파해야

경쟁률이 한 해 과도하게 높았던 학과는 다음 해에 낮아지고 이례적으로 낮았던 학과는 다시 높아지는 경향이 있다. 소위 퐁당퐁당 효과가 나타나기에 최근 3년간 경쟁률을 살펴보는 것이 필수적이다.

추가합격(추합)이 높게 발생하는 학과는 경쟁률이 높아도 추합의 결과 내신이 약간 낮게 형성되기도 한다. 선발인원이 점차로 감축되고 수능최저기준이 완화되는 경향이 있기에 내신 등급컷이 올라갈 것이라는 공감대도 형성되고 있다. 안정지원하는 흐름이 있을 수도 있으나 오히려 상위권은 '추합'도 기대할 수도 있을 것이다.

같은 대학 내에서 경쟁률의 변동과는 달리 어느 정도 내신이 안정되게 형성되는 학과들도 있다. 심지어 경쟁률이 절반으로 낮아졌는데 평균성적은 변동이 아주 미미한 학과도 있다. 학과에 대한 선호가 어느 정도 안정되어 있기 때문으로 볼 수 있다. 이렇게 일반화할 수 없는 경우도 있기에 다양한 변수를 고민한 후 지원할 필요가 있다.

수학이 취약하면
지원조차 힘들어진다

수시나 정시컨설팅을 할 때 제일 먼저 살펴보는 과목이 수학이다. 문과나 이과에 관계없이 수학 등급이 높으면 합격 가능성이 높기 때문이다. 하지만 다른 등급은 좋은데 수학이 낮은 등급이면 원하는 학과에 안정지원이 힘들어진다. 참으로 안타까운 상황이 아닐 수 없다.

경영이나 경제는 정시로 지원할 때 커트라인이 높게 형성되어 상위학과의 위상을 지키고 있다. 상위권 학생들이 지원하는 인기학과이기에 그런 영광을 누릴 수 있다. 하지만 수시에서는 정시와 비교하여 경쟁률이 높게 형성되지 않는 경우도 많다.

오히려 교육이나 국어국문과 같은 학과들이 경쟁률이 높게 형성되는 경우가 제법 많다. 수학이 약한 학생들이 수학 경쟁력을 요구하는 학과에 과감히 도전하지 못하기 때문이다.

수학 경쟁력은 학종에서도 위력을 발휘한다. 자연계의 공대 지원을 고려할 때 수학 경쟁력을 살펴보게 된다. 인문계도 경상계열에서 수학 경쟁력을 의미 있게 살펴본다.

그렇기에 수학이 3~4등급 정도가 나온다면 자신 있게 지원하기가 힘들어진다. 여학생들의 경우 생명 관련 학과로 몰려 경쟁률이 폭등하는 경우도 많다. 물론 커트라인이 급등하는 것은 아니다.

수학 공부를 등한시했다면

학종 평가요소인 진로역량에서 계열 관련 과목을 이수하기 위한 노력과 성취수준을 평가한다. 공학계열은 수학 교과에서 이수 과목뿐만 아니라 성취수준을 살펴본다.

수학이 취약하면 수학과 관련이 있는 학과를 지원하기 힘들어진다.

또한 많은 대학에서 학과와 관련 있는 과목을 이수하기를 권장하고 있다. 서울대에서는 권장과목에서 수학이 제외되는 모집단위가 별로 없을 정도로 전 모집단위에서 수학이 권장과목에 포함되어 있다. 핵심과목에서도 생물과 관련된 학과 이외에는 수학 이수를 요구하고 있다.

〈수학이 핵심권장 과목에 포함되어 있지 않은 모집단위(서울대)〉

수의예, 응용생물화학, 식물생산과학, 생물교육, 식품영양, 식품동물생명공학

그렇기에 수학이 취약하면 학과선택이 제한될 수밖에 없고 합격할 가능성이 떨어지게 된다. 거꾸로 말하면 수학 공부를 등한시했다면 위의 학과밖에는 선택의 범위가 좁혀지게 된다. 수학이 약한 학생들이 진로를 변경하여 집중 지원하기 때문이다.

수학 경쟁력이 높은 학생은 선택지가 넓다. 다른 교과의 경쟁력이 낮더라도 수리논술로 합격하는 경우도 많다. 다른 영역은 3~4등급이 나오지만, 수학만은 1~2등급을 찍은 학생들이 있다. 이런 학생들은 수리논술에 적합한 학생으로 준비하다보면 수능과 내신도 함께 대비할 수 있다.

〈자연계 논술에서 수리논술만 치르는 대학〉

건국대, 경희대, 광운대, 동국대, 부산대, 서강대, 서울과기대, 서울시립대, 성균관대, 성신여대, 세종대, 숙명여대, 숭실대, 아주대, 이화여대, 인하대, 중앙대, 한국항공대, 한양대

정시 합격을 좌우하는 수학

정시에서도 수학이 우수하면 표준점수가 높게 형성되기에 상당히 유리해진다. 표준점수는 시험이 어려워 평균이 낮게 형성되면 표준점수 최고점은 높아진다. 반대로 시험이 쉽게 출제되어 평균이 높게 형성되면 표준점수 최고점이 낮아진다.

즉 남들이 어려워하는데 자신이 시험을 잘 보면 표준점수는 올라가는 것이다. 수학이 문이과 공통으로 시험을 치르기에 수학에 약한 문과생들은 이과생에 비해 불리한 처지에 놓이게 된다.

수능에서 이과생들의 수학 경쟁력은 압도적이다. 2022학년도에 미적분에서 이과생들이 86%가 1등급을 받았고 2등급도 65.3%나 되었다. 9월 모평에서도 1, 2등급의 75%를 차지하여 유리함이 입증되는 것을 볼 수 있다.

〈수학 선택과목별 1, 2등급 비율〉

등급	수능			9월 모평			6월 모평		
	미적분	기하	확통	미적분	기하	확통	미적분	기하	확통
1	86%	3.5%	10.5%	75.5%	7.6%	16.8%	86.3%	9.5%	4.3%
2	65.3%	13.9%	20.8%	73.4%	6.4%	20.2%	63.5%	9.9%	26.6%

수학에 강한 이과생은 문과로 진로를 거침없이 변경하기도 한다. 소위 '문과침공'은 문·이과 공통시험인 수학에서 이과생들의 수학 경쟁력을 여실히 보

여주는 현상이다. 미적분에서 70~80%가 1등급을 받는 우수한 실력을 바탕으로 대학 수준을 한 단계 높여 인문계로 지원한다.

2023학년도 수능에서 수학의 표준점수 최고점은 147점으로 134점인 국어보다 13점이 높았다. 점수 차이가 크기에 이과생들이 크게 유리할 수밖에 없다. 문과로 교차지원하는 경우 문과생들은 속수무책일 수밖에 없다.

그렇기에 문과생이 상경계열에 지원할 때 이과생의 교차지원까지 의식하지 않을 수 없다. 수학에 강점을 보이는 이과생들이 상경계열, 자유전공학부로 몰려 합격선을 상승시키기 때문이다.

〈이과생이 더 많이 합격한 문과학과〉

서울대	경제학부	경영학부	국어교육	영어교육	역사학부	윤리교육	사회학과
	74.3%	67.2%	60%	80%	50%	71.4%	60%
기타 대학	연세대	건국대	한양대	서강대	서울시립	경희대	중앙대
	55%	57%	54%	60%	55%	55%	56%

수학이 강한 학생이 정시에서 유리한 이유가 또 있다. 수학반영비율이 높은 대학에 지원할 때 매우 유리해진다. 문과와 이과가 공통으로 수학반영비율이 높은 대학은 서울시립대 40%, 중앙대 40%, 건국대 40%나 된다.

〈정시 수학반영비율〉

대학	서울대	고려대	연세대	서강대	중앙대 경영	한양대 경영	숙대 통계	건국대	서울 시립대
비율	40%	35.7%	33.3%	43.3%	45%	40%	50%	40%	40%

정시에서 자연계는 수학반영비율이 높다.

서울대는 40%를 반영하고 서강대 43.3%, 건국대 40%, 서울시립대는 40%

를 반영한다. 인문계 상경계를 목표로 하는 학생도 수학 성적이 중요하다. 상경계의 수학반영비율이 높기 때문이다.

결국 수학 경쟁력에 따라 수시나 정시의 합불이 좌우된다는 것을 깊이 인식해야 한다.

10월

문과침공

수능을 끝까지 포기해서는 안 되는 이유

➤· 내신공부가 수능 경쟁력 향상에도 도움을!

➤· 교과전형이나 학종에서 가능성을 높여줘!

➤· 논술전형에서도 수능최저기준의 향배가!

➤· 쉬운 수능에서 행운이!

생기부 기반 면접 예상질문 뽑아내기

➤· 예상질문을 만들어 반복하면 효과적인 면접 대비가 될 것

학과먼저? 학교먼저?

➤· 인문은 네임벨류가 중요하다고!!

➤· 선택한 진로에 대한 열정을 바탕으로

'내신 따로 수능 따로'의 경계를 허무는 것이 탄탄한 실력을 보장한다. 모의고사 성적이 만족스럽지 못하다면 내신 공부를 통해서 기본 개념이 탄탄하지 않은지 기출문제를 많이 풀지 못했는지 점검하는 것이 필수적이다. 내신공부를 통해서 자신의 기본실력과 취약점을 꾸준히 보완하는 공부가 결과적으로 수능준비로 이어질 것이다.

학종활동 자기관리 기록지 **1** 10월 1 주 (월 일 ~ 월 일)

분야	내용	구체적 활동 내용				
교과 수업 (공통 과목/ 일반 선택 과목/ 진로 선택 과목)	세부 활동 내용 (주요 교과 포함 전 교과)	활동내용	A / B / C / D / E	활동내용		A / B / C / D / E
		성적의 성취도	A / B / C / D / E	전공관련 과목이수		A / B / C / D / E
		성적 향상정도	A / B / C / D / E	학습위계 정도		A / B / C / D / E
		교과활동 충실도	A / B / C / D / E	이수교과의 학업성취		A / B / C / D / E
		활동의 일관성	A / B / C / D / E	교과활동 충실도		A / B / C / D / E
		다른교과와 연계	A / B / C / D / E	학년별 심화 · 확장		A / B / C / D / E
	발표	주제		내용		
		주장		해결책 제시		
	토론	주제		쟁점		
		질문		자신의 주장		
		반론		대안 제시		

학종활동 자기관리 기록지 ❷ 10월 1 주 (월 일 ~ 월 일)

세부활동 내용	1회	2회	3회	세부활동 내용	1회	2회	3회	세부활동 내용	1회	2회	3회
정리설명				문제제기				개선안 제안			
비교설명				개선촉구				문제점 제시			
PPT발표				보고서 작성				해결책 제시			
진로연결				다른시각 제시				지식의 실생활활용			
정책제시				비판적 질문				연계적 질문			
과제물 완성				협력 글쓰기				사례적용			
논리적 반박				자료활동				비교분석			
개선촉구				서평쓰기				반론제기			
관심확장				질문생성				교과융합			
조사활동				탐구활동				심화활동			
관점표명				내용비교				실험 설계수행			

학종활동 자기관리 기록지 ❸

10월
__1__ 주

(월 일~ 월 일)

분야	내용	구체적 활동내용		
독서	독서 동기		진로/학업 연관성	
	지식 확장		교과/진로 심화독서	
탐구 보고서	탐구 이유		탐구주제	
	연관 교과		제언 및 후속탐구	
창체 활동	활동 내용		학업/진로 연계활동	
	심화 탐구		활동의 연관성	
공동체 역량	경청/ 공감		정보와 생각전달	
	협업		계획실행 주도경험	

학종활동 자기관리 기록지 ❶　　10월 _2_주　　(　월　일~　월　일)

분야	내용	구체적 활동 내용				
교과 수업 (공통 과목/ 일반 선택 과목/ 진로 선택 과목)	세부 활동 내용 (주요 교과 포함 전 교과)	활동내용	A / B / C / D / E	활동내용	A / B / C / D / E	
		성적의 성취도	A / B / C / D / E	전공관련 과목이수	A / B / C / D / E	
		성적 향상정도	A / B / C / D / E	학습위계 정도	A / B / C / D / E	
		교과활동 충실도	A / B / C / D / E	이수교과의 학업성취	A / B / C / D / E	
		활동의 일관성	A / B / C / D / E	교과활동 충실도	A / B / C / D / E	
		다른교과와 연계	A / B / C / D / E	학년별 심화 · 확장	A / B / C / D / E	
	발표	주제		내용		
		주장		해결책 제시		
	토론	주제		쟁점		
		질문		자신의 주장		
		반론		대안 제시		

학종활동 자기관리 기록지 ❷

10월
2 주 (월 일 ~ 월 일)

세부활동 내용	1회	2회	3회	세부활동 내용	1회	2회	3회	세부활동 내용	1회	2회	3회
정리설명				문제제기				개선안 제안			
비교설명				개선촉구				문제점 제시			
PPT발표				보고서 작성				해결책 제시			
진로연결				다른시각 제시				지식의 실생활용			
정책제시				비판적 질문				연계적 질문			
과제물 완성				협력 글쓰기				사례적용			
논리적 반박				자료활동				비교분석			
개선촉구				서평쓰기				반론제기			
관심확장				질문생성				교과융합			
조사활동				탐구활동				심화활동			
관점표명				내용비교				실험 설계수행			

학종활동 자기관리 기록지 ❸　　10월 _2_ 주　(　월　 일 ~ 　월　 일)

분야	내용	구체적 활동내용		
독서	독서 동기		진로/학업 연관성	
	지식 확장		교과/진로 심화독서	
탐구 보고서	탐구 이유		탐구주제	
	연관 교과		제언 및 후속탐구	
창체 활동	활동 내용		학업/진로 연계활동	
	심화 탐구		활동의 연관성	
공동체 역량	경청/ 공감		정보와 생각전달	
	협업		계획실행 주도경험	

학종활동 자기관리 기록지 ❶   10월 _3_주   (월   일 ~   월   일)

분야	내용	구체적 활동 내용				
교과 수업 (공통 과목/ 일반 선택 과목/ 진로 선택 과목)	세부 활동 내용 (주요 교과 포함 전 교과)	활동내용	A / B / C / D / E	활동내용	A / B / C / D / E	
		성적의 성취도	A / B / C / D / E	전공관련 과목이수	A / B / C / D / E	
		성적 향상정도	A / B / C / D / E	학습위계 정도	A / B / C / D / E	
		교과활동 충실도	A / B / C / D / E	이수교과의 학업성취	A / B / C / D / E	
		활동의 일관성	A / B / C / D / E	교과활동 충실도	A / B / C / D / E	
		다른교과와 연계	A / B / C / D / E	학년별 심화 · 확장	A / B / C / D / E	
	발표	주제		내용		
		주장		해결책 제시		
	토론	주제		쟁점		
		질문		자신의 주장		
		반론		대안 제시		

학종활동 자기관리 기록지 ❷　10월 _3_ 주　(　월 　일 ~ 　월 　일)

세부활동 내용	1회	2회	3회	세부활동 내용	1회	2회	3회	세부활동 내용	1회	2회	3회
정리설명				문제제기				개선안 제안			
비교설명				개선촉구				문제점 제시			
PPT발표				보고서 작성				해결책 제시			
진로연결				다른시각 제시				지식의 실생활활용			
정책제시				비판적 질문				연계적 질문			
과제물 완성				협력 글쓰기				사례적용			
논리적 반박				자료활동				비교분석			
개선촉구				서평쓰기				반론제기			
관심확장				질문생성				교과융합			
조사활동				탐구활동				심화활동			
관점표명				내용비교				실험 설계수행			

학종활동 자기관리 기록지 ❸   10월 3 주   (월 일~ 월 일)

분야	내용	구체적 활동내용		
독서	독서 동기		진로/학업 연관성	
	지식 확장		교과/진로 심화독서	
탐구 보고서	탐구 이유		탐구주제	
	연관 교과		제언 및 후속탐구	
창체 활동	활동 내용		학업/진로 연계활동	
	심화 탐구		활동의 연관성	
공동체 역량	경청/ 공감		정보와 생각전달	
	협업		계획실행 주도경험	

학종활동 자기관리 기록지 **1** ^{10월} **4** 주 (월 일 ~ 월 일)

분야	내용	구체적 활동 내용				
교과 수업 (공통 과목/ 일반 선택 과목/ 진로 선택 과목)	세부 활동 내용 (주요 교과 포함 전 교과)	활동내용	A / B / C / D / E	활동내용		A / B / C / D / E
		성적의 성취도	A / B / C / D / E	전공관련 과목이수		A / B / C / D / E
		성적 향상정도	A / B / C / D / E	학습위계 정도		A / B / C / D / E
		교과활동 충실도	A / B / C / D / E	이수교과의 학업성취		A / B / C / D / E
		활동의 일관성	A / B / C / D / E	교과활동 충실도		A / B / C / D / E
		다른교과와 연계	A / B / C / D / E	학년별 심화 · 확장		A / B / C / D / E
	발표	주제		내용		
		주장		해결책 제시		
	토론	주제		쟁점		
		질문		자신의 주장		
		반론		대안 제시		

학종활동 자기관리 기록지 ❷ 10월 4 주 (월 일～ 월 일)

세부활동 내용	1회	2회	3회	세부활동 내용	1회	2회	3회	세부활동 내용	1회	2회	3회
정리설명				문제제기				개선안 제안			
비교설명				개선촉구				문제점 제시			
PPT발표				보고서 작성				해결책 제시			
진로연결				다른시각 제시				지식의 실생활용			
정책제시				비판적 질문				연계적 질문			
과제물 완성				협력 글쓰기				사례적용			
논리적 반박				자료활동				비교분석			
개선촉구				서평쓰기				반론제기			
관심확장				질문생성				교과융합			
조사활동				탐구활동				심화활동			
관점표명				내용비교				실험 설계수행			

학종활동 자기관리 기록지 ❸   10월 __4__ 주   (월 일 ~ 월 일)

분야	내용	구체적 활동내용		
독서	독서 동기		진로/학업 연관성	
	지식 확장		교과/진로 심화독서	
탐구 보고서	탐구 이유		탐구주제	
	연관 교과		제언 및 후속탐구	
창체 활동	활동 내용		학업/진로 연계활동	
	심화 탐구		활동의 연관성	
공동체 역량	경청/ 공감		정보와 생각전달	
	협업		계획실행 주도경험	

수능을 끝까지 포기해서는
안 되는 이유

수능 점수가 우수한 학생들은 그 노력을 인정받을 만하다. 수년간 꾸준하게 수능 공부에 집중한 결과일 것이다. 이런 학생들은 학습계획을 체계적으로 세우고 '국수영탐'을 균형 있게 공부하는 것이 습관화되어 있을 것이다. 또한 공부한 내용을 탄탄하게 다지고 '오답노트'를 통해서 취약점을 보완하고, 심화문제로 깊이 있게 공부하는 학생들일 것이다.

또한 모의고사나 기출문제를 정해진 시간 내에 푸는 연습을 하면서 실전경험을 많이 쌓은 학생들이다. 많은 시간을 투자하면서 시험에 대한 자신감을 키우고 실수를 줄이려고 쏟아부은 노력을 인정하지 않을 수 없다.

하지만 수능 경쟁력이 약한 학생들은 정시를 목표로 세우기가 쉽지 않다. 그래서 수시에 비중을 둘 수밖에 없는 상황에 처하게 된다. 내신 경쟁력으로 교과전형에서 수능최저기준을 반영하지 않는 대학에 관심을 기울인다. 비교과 활동을 충실하게 관리하여 학종 지원을 고려하기도 한다.

여기서 명심해야 할 것이 수시 가능성을 높이기 위해서라도 수능에 관심을 끝까지 놓지 말아야 한다는 것이다. 수능 경쟁력이 약해 수능최저기준을 충족하지 못하면 수시에서도 선택의 폭이 크게 줄어든다.

그렇기에 위축되지 않고 수능을 끝까지 포기하지 않겠다는 집념을 가지고 임하는 것이 합격을 보장할 수 있다. 백분위를 세밀히 분석하여 상위등급의 경계선에 약간 못 미치는 과목을 집중적으로 공략하면 수능최저기준을 충족할 가능성이 높아진다.

수능 경쟁력이 약해서 수시로 지원하기에는 수능최저기준이 부담이 될 수 있다. 하지만 4개 영역을 반영하는 것이 아닌 3개 또는 2개 영역을 반영하기에 강점이 있는 영역을 잘 관리하면 수능최저기준을 충족할 가능성이 높아진다. 수능최저기준을 충족시키는 전략이 대입합격으로 이어질 수 있다는 자신감을 갖고 끝까지 수능의 끈을 놓지 않아야 한다.

내신공부가 수능 경쟁력 향상에도 도움을!

수능을 철저하게 준비하는 것이 내신 성적 향상에 도움이 된다. 대부분의 고교가 학교 수업을 통하여 내신준비를 시키지만 교과서 100%로 수업을 진행하지는 않는다. 수능준비를 시키기 위해 수능 모의고사를 포함하여 수업하는 학교들이 대부분이다.

고등학교 3학년 수업은 EBS교재를 가지고 수능문제풀이에 집중하는 것이 일반적인 수업의 형태이다. 그렇기에 내신 시험이 교과서에서만 출제되지는 않는다. 1~2학년은 수업에서 최소 30~40%는 기출모의고사로 진도를 나가며 수능 스타일로 문제를 출제한다. 내신공부를 충실하게 하는 것이 수능 경쟁력으로 이어진다.

그렇기에 '내신 따로 수능 따로'의 경계를 허무는 것이 탄탄한 실력을 보장한다. 모의고사 성적이 만족스럽지 못하다면 내신공부를 통해서 기본 개념이 탄탄하지 않은지 기출문제를 많이 풀지 못했는지 점검하는 것이 필수적이다. 내신공부를 통해서 자신의 기본실력과 취약점을 꾸준히 보완하는 공부가 결과적으로 수능준비로 이어질 것이다.

교과전형이나 학종에서 가능성을 높여줘!

교과전형을 시행하는 대부분의 대학이 수능최저학력기준을 활용한다. 교과전형에서는 내신등급이 아무리 좋아도 수능최저기준을 충족하지 못하면 최종 탈락하게 된다. 2024학년도 수능이 불수능의 결과로 수능최저기준을 충족하지 못해 많은 학생이 고배를 마신 것이 이를 입증하고 있다. 하지만 수능최저기준을 충족한 경우 실질 경쟁률이 낮아지고 다소 낮은 내신에도 쉽게 합격한 학생들이 많다.

학종에서도 마찬가지다. 고려대의 학교추천전형의 1등급 후반~2등급 초반에 형성되는데, 학종인 학업우수자전형의 입결이 2등급 초반~3등급 초반에서 형성된다. 바로 높은 수능최저기준이 내신합격등급을 낮추기 때문이다. 홍익대도 2등급 중반대부터 3등급 초반대의 학생들이 안정적으로 합격할 수 있는데, 학종에서 3개 합8을 충족시키면 안정적으로 합격할 수 있다.

논술전형에서도 수능최저기준의 향배가!

정시에서는 4개 영역 전부 고르게 나와야 합격 가능성이 높아진다. 하지만 수시에서는 강점이 있는 영역에서 2~3개 영역에서만 높은 수능등급을 받아도 수능최저기준을 충족할 수 있다.

논술전형에서 경쟁률이 평균 50:1~80:1로 폭발적이지만 수능최저기준을 충족하는 학생들이 20%를 넘지 못한다. 수능최저기준을 충족하면 실질 경쟁률은 10:1~15:1로 낮아지기에 합격 가능성이 높아진다.

더욱이 수리논술은 수능의 3~4점짜리 문제를 서술형 풀듯이 푸는 연습이 크게 도움이 된다. 또한 인문논술에서도 제시되는 다양한 지문이 수능의 국어영역 제시문과 밀접한 연관성이 있다. 인문수리논술도 수능의 수리영역과 상관관계가 높다. 수능을 끝까지 공부하여 실력을 쌓는 것이 수시논술의 가능성을 높여준다.

쉬운 수능에서 행운이!

수능에서 '불수능이냐 물수능이냐'에 따라 이해가 엇갈리는 경우가 종종 있다. 불수능일 때 문제를 제대로 풀지 못해 안타깝게도 하위등급을 얻어 낙담하게 된다. 하지만 물수능으로 출제되어 등급블랭크가 발생하기도 하지만 운이 좋게 등급비율인원이 크게 초과 되어 상위등급을 얻는 경우가 발생하기도 한다.

불수능 물수능을 섣불리 예단하는 것이 힘들다는 것이 다시 한번 입증되었다. 2024학년도 수능에서 '킬러문제'가 제외되어 쉬운 수능으로 출제될 것으로 예상했으나 '국수영' 전 영역에서 전례없이 어렵게 출제되어 학생들이 초조한 마음을 숨기지 못했다.

불수능으로 수능최저기준을 충족하지 못하여 수시에서 탈락되어 학생들이 허탈함에서 벗어나지 못한 경우도 많다. 마지막 지푸라기라도 잡겠다는 심정으로 수능최저기준을 반영하지 않는 논술 응시율이 상승한 것이 이러한 심적을 반영하고 있다.

물수능에서 같은 등급을 받는 인원이 많아지면 경쟁자가 많아질 수도 있다. 하지만 그동안 준비한 것을 겨룰 기회가 주어지면 합격의 가능성이 높아질 수 있다. 또한 수학이 통합 수능인 관계로 문과 학생들이 수학에서 고득점 확보가 어렵게 된다. 하지만 정시 합격선이 낮아져서 어렵지 않게 낮은 점수로도 합격하는 경우도 있다.

이런 행운도 준비된 경우에만 다가온다. 그래서 끝까지 포기하지 않고 수능의 끈을 꽉 잡고 공부하면 행운의 여신이 미소를 지을 것이다.

생기부 기반 면접 예상질문 뽑아내기

2024학년도 대입부터 모든 대학이 자기소개서(자소서)를 요구하지 않는다. 자소서가 폐지되고 생기부에서 대입에 반영되는 항목도 축소되기에 대학이 학생의 학교 활동의 동기나 과정을 파악하기가 힘들어졌다. 면접을 통해서 이러한 내용을 파악해야 하기에 면접의 중요성이 더욱 강조되고 있다.

제시문 면접은 서울대, 연·고대 등의 상위권 대학에서 실시된다. 개인의 비교과 활동이 아닌 교과 영역 내에서 학습한 내용을 바탕으로 전공적성 및 학업능력을 평가한다. 제시문의 내용을 바탕으로 답변을 요구하면서 면접자의 종합적인 사고력을 평가한다.

하지만 서류기반형 면접은 생기부를 기반으로 기본적인 학업 소양을 확인한다. 학종에서 면접은 1단계에서 서류 100%로 3~5배수를 선발한 후, 2단계에서 면접을 50~70%를 반영한다.

예상질문을 만들어 반복하면 효과적인 면접 대비가 될 것

기본적으로 1단계를 통과한 경우 이미 서류평가에서 좋은 평가를 받은 학생이고, 서류평가 점수는 촘촘하게 분포되어 있다. 그렇기에 면접에서 역량을 잘 발휘하여 면접으로 합불이 결정되기도 한다. 서류평가 1단계에서 1배수 내에 들지 못했던 학생이 면접으로 최종 합격하는 비율이 30~40% 정도로 나타나고 있다.

면접 지원자에게 학업성취를 포함하여 학교 활동 전반에 대해 질문한다. 서류기반형 대입면접에서 준비해야 할 중요한 내용은 창체활동과 과목별 세특 사항이다. 지원 전공과의 연계성, 교과에 대한 열정과 태도 그리고 학업에 대한 성취를 종합적으로 평가하기 때문이다.

결국 평가의 관건은 전공과 관련 있는 교과목을 충실하고 주도적으로 학습했는가, 학업역량이 발전되었나, 활동을 더 심화하여 탐구했는가가 될 것이다.

그렇기에 세특과 창체활동을 바탕으로 자신의 활동 내용을 철저하게 분석하고, 예상질문을 만들어 반복해서 답변하는 연습을 하는 것이 효과적인 면접 대비가 될 것이다. 다양한 면접 문항을 통하여 대학이 평가하는 요소에 초점을 맞추어 연습하면 좋은 평가를 받을 수 있을 것이다.

* 탐구주제로 선정한 리모컨의 원리에서 전자기파의 고유주파수에 미분이 어떠한 방식으로 활용되는지 설명해주세요.
* 특정 교과에 관심을 가지고 평소 탐구를 많이 해왔던 것 같은데, 학습 성과를 높이기 위한 노력이 있었다면 어떤 것이 있었는지 말해 주세요.

→ 지원전공(계열)과 관련한 탐구활동을 통해서 그 활동 과정에서 교과 내용을 배우고 이해하면서 학업역량이 향상되고 있는지에 관심을 보이고 있다. 또한 학습활동을 통해서 이룬 성과도 확인할 수 있다. 일관된 목표를 가지고 꾸준히 탐구활동을 했거나, 심도 있는 탐구활동을 한 내용이 좋은 평가를 받는다.

* 화학1 시간에 화장품 속에 포함된 성분 중 탄소 화합물에 해당하는 성분들에 대해 조사하였는데 이에 대해 설명해주세요.
* 효과적이고 재미있는 영어학습법에 대해 토론하였는데, 가장 효과적인 영어학습 방법은 무엇이라 생각하나요? 토론 과정에서 본인이 제시한 의견은 어떠한 내용인가요?
* '자외선과 인체의 화학작용'을 주제로 발표하였는데, 자외선의 파장분포 및 자외선이 피부 손상을 유발하는 기전을 설명해주세요.

→ 학생들이 다양한 형태의 수업에서 수행한 토론, 조사, 주제발표를 통해서 학업에 대한 태도와 열정을 살펴본다. 면접을 통하여 다양한 형태의 활동에서 학업성취 수준이 높아지고 있는지, 지적 호기심을 충족하고 있는지를 확인한다.

* 미분탐구보고서에서 미술 교과의 에니메이션을 제작하는 과정에서 수학이 사용된 부분에 대해 탐구했다고 했는데, 에니메이션에 사용된 수학적 원리를 설명해주세요.
* 사회문화 수업에서 정규직과 비정규직의 임금 차이가 나타난 통계자료를 해석한 경험이 있습니다. 자료를 어떻게 수집했고, 또 그것을 어떻게 해석했는지 구체적으로 설명할 수 있나요?
* 2학년 사회문화탐구 수업에서 중국의 소수민족과 한국, 일본의 다문화 사회를 주제로 보고서를 작성했다는 기록이 있습니다. 탐구주제에 대해 설명하고, 중국의 소수민족과 한국, 일본 다문화 사회의 공통점 또는 차이점에 대해 설명해보세요.

→ 보고서를 살펴보고 학생의 탐구활동을 검증하기 위해 질문을 던진다. 단순한 탐구활동보다는 학습한 내용을 적용하고 활용하는 활동을 높이 평가한다. 그렇기에 단순히 이론을 탐구하기보다는 실제 사례에 반영해 보거나 그 결과를 바탕으로 연계적인 탐구를 진행한 내용에 더욱 관심을 갖는다.

* 2학년 과학과제 연구 수업 시간에 "전자제품 전자파 측정 및 전자파 차단 제품의 실효성 검증"을 주제로 연구를 진행했던데, 연구과정과 결론을 설명해보세요. 장시간 전자파 노출로 인한 악영향과 이에 대한 방지 대책이 무엇이라 생각하나요?
* EHV-1이 증식할 수 있는 세포주를 선정하기 위한 연구를 수행하였는데, 세포주란 무엇인가요? 어떤 세포주를 선정하였나요?

→ 강한 탐구 의욕을 보이는 학생의 경우에 창의적인 사고력을 측정하려고 한다. 답변에 대해 꼬리에 꼬리를 무는 질문을 통해 사고력의 깊이를 측정하려고 한다. 창의적인 사고를 드러낼 때 이러한 잠재 능력을 높게 평가한다.

* 유전체와 단백질에 관련된 책을 읽었는데, 유전체와 단백질은 각각 어떻게 다른가요?
* 교과 융합 학습프로젝트에서 소설 '오만과 편견'을 참조하여 'AI챗봇과 융합한 영어수업'을 설계하였는데, 그 내용은 무엇인가요? 프로젝트 진행 과정은 어떠하였나요?

→ 독서를 통하여 탐색한 내용을 지적 호기심을 발휘하여 더욱 심화발전 시키는가를 주시한다. 또한 독서를 통하여 학습한 내용을 주도적으로 탐색하고, 다양한 영역으로 시각을 넓히고 성장하는 모습을 의미 있게 살펴본다.

학과먼저? 학교먼저?

문·이과통합 수학, 수능 킬러문항 제외, 고1 내신 상대평가 등 고려해야 할 사항이 많기에 초중고 자녀를 두고 있는 학부모들은 자녀의 대학입학에 판단을 내리고 전략을 수립하는데 어느 해보다 어려움을 호소한다.

수능준비에 초점을 맞춰 정시로 대학에 진학해야 할지 아니면 진로를 일찍 정해 학종으로 대변되는 수시에 집중해야 할지 결단을 내리는 것이 쉽지 않다.

학종에 관심을 가질 때 진로에 대한 고정관념도 문제가 될 수 있다. 진로는 바꾸지 않고 변하지 말아야 경쟁력이 생긴다는 믿음이 뿌리박혀있다. 진로는 개인의 다양한 계기에 의해서 바뀔 수 있는 것인데 이러한 변경에 대해 유연적인 사고가 부족한 것도 사실이다.

이러한 고민은 대학진학 때 가시화된다. 경제학과를 목표로 공부해 왔는데 원하는 성적이 나오지 않아 소신지원을 주저하게 된다. 학교를 낮춰서 경제학과를 가야 하는지, 아니면 학교에 맞춰서 학과를 변경해야 할지 고민에 처해지게 된다.

답이 딱 부러지게 떨어지지 않는다. 대부분이 학교의 명성을 먼저 생각한다고 볼 수 있다. 학교의 명성으로 졸업 후 취업이나 대학원 진학에서 이점을 얻을 수 있을 것이다. 중요한 이유 중의 하나가 네트워킹의 형성이다.

문과에서 학교를 우선시하는 이유	이과에서 학과 우선시하는 이유
1. 문과는 교양교육을 받는 것이 중요할 수 있으므로 교양강좌의 다양성을 고려해야 2. 다양한 연계프로그램 및 동아리 활동을 통하여 문학, 문화, 사회이슈 등에 대한 지식과 통찰력을 향상시킬 수 있으므로 3. 교수들과의 교류를 통해 다양한 학문적 지식과 멘토링을 받을 수 있으므로	1. 자연공학, 공학 등은 학문적인 깊이와 기술적인 스킬을 요구하기에 해당 분야의 전문성을 갖춘 학과가 중요 2. 실험실과 연구시설 등의 인프라의 수준과 다양성을 고려해야 하기에 3. 산업체와의 협력관계를 맺거나 취업지원 프로그램이 취업과 진로에 도움이 되기에

다양한 분야의 우수한 학생들과 함께 공부할 기회를 얻을 수 있기에 폭넓은 인맥을 형성할 수 있고 우리나라와 같은 인맥 중심의 사회에서는 큰 자산이 될 수 있다. 하지만 전공에 만족하지 못할 경우 고민이 깊어진다. 하지만 요즘에는 그리 경직되어 있지 않다. 복수전공이나 다른 방법을 찾기도 한다.

인문은 네임벨류가 중요하다고!!

진로를 고민할 때 한가지 기준은 이과는 전공이 중요하고 문과는 학과보다 대학의 네임밸류가 중요하다는 입장이다. 문과는 명분으로 살고 이과는 실속으로 밀고 나가는 것이다.

〈이과생이 더 많이 합격한 문과학과〉

서울대	경제학부	경영학부	국어교육	영어교육	역사학부	윤리교육	사회학과
	74.3%	67.2%	60%	80%	50%	71.4%	60%
기타 대학	연세대	건국대	한양대	서강대	서울시립	경희대	중앙대
	55%	57%	54%	60%	55%	55%	56%

다른 깊은 속내가 있겠지만 대학입학에서도 교차지원이 흔히 일어난다. 자연계 학생이 인문계의 상위학과를 거침없이 지원하여 입학하는 사례도 흔히 일어난다. 이런 학생들은 학벌에 대한 선호가 우선일 것이다.

수학이 인문자연 공통으로 통합되면서 자연계 학생들의 우수한 수학 실력으로 수학표준점수가 더 높게 나온다. 이 높은 점수를 가지고 한두 단계 더 높은 대학의 문과를 노리는 학생들이 있다. 명문대 합격의 실리를 취하고자 하는 것이다. 그 결과 소위 '문과침공'이 벌어지고 있다.

이과는 실용적인 학문이고 바로 취직과 연결되는 경우가 많다. 그렇기에 학교보다 전공이 더 중요하다. 반면에 문과는 취직할 때 전공에서 큰 차이를 못 느낀다. 그래서 학교 이름이 중요하다고 인식되고 있다. 이런 세태에서 벗어나 소신 있게 명분과 원칙으로 선택에 임하는 사람도 없지는 않다.

〈대학 선택의 이유〉

설문 영역	%
대학의 사회적 평판	32.3%
진학 대학에 대한 본인의 선호	46%
성적에 맞추어서	46.8%
취업 전망	19.3%
모집단위(전공)에 대한 선호	24%

우리 학생들은 대학 진학할 때 성적에 맞춰서 가는 경향이 높다. 대학을 선택할 때 전공을 우선적으로 고려하는 비율이 24% 정도로 나타나고, 대학에 대한 선호나 성적에 맞추어가 가는 비율이 46%로 적성보다 2배나 높다. 학벌과 명분을 중시하는 사회적인 인식이 단기간에 변화될지 의문이다.

선택한 진로에 대한 열정을 바탕으로

학과 중심의 선택은 대학의 명성이 낮은 경우 졸업 후 취업이나 대학원 진학에 영향을 받을 수도 있다는 것을 고려해야 한다. 또한 학과를 중심으로 선택하면 대학 전체의 인맥을 형성하는데, 지장이 있을 수도 있다는 것을 고려해야 한다.

진로를 강조할 때는 선택한 진로에 대한 열정을 바탕으로 학습 의욕이 높아지고 자기 주도적 학습능력이 향상이 된다는 입장이다. 그렇기에 교과성적이나 학교 활동의 방향이 설정되어 성적이 향상되고 학생부 종합전형에서 유리할 것으로 인식된다.

하지만 명문대나 '의치한' 그리고 약대에 관심이 많은 학생은 진로가 좁혀진다. 이들이 선택하는 과목도 수학, 생물, 화학으로 좁혀진다. 이들은 미래사회의 전망을 더욱 중시하고 사회적인 명성이나 경제적 보수에 더욱 관심이 있다. 즉 물질적 만족을 주는 행복한 직업에 더욱 가치를 부여한다.

진로를 선택할 때는 이처럼 복합적인 조건과 상황이 고려된다. 개인적인 요소도 개입되고, 환경적인 요소, 사회적 요소가 진로선택에 영향을 끼친다.

어떤 선택이든 신중하게 고려하여 본인에게 가장 적합한 결정을 내릴 필요가 있다.

11월

정시

정시 입시자료 활용법

➤ 대입설명회 활용법

➤ 옥석을 가리는 정보 활용

1, 2학년이 더욱 유념해야 할 것은

➤ 선생님과의 유대감

➤ 보고서가 합격의 진위를

➤ 사소한 호기심에서 심화역량으로

➤ 수업과 독서의 연계

수능에 임할 때 쉬운 수능이라 수능 최저학력기준을 충분히 충족시키리라는 기대를 가지고 있는 것도 사실이다. 하지만 '불수능 물수능'을 섣불리 예단하는 것은 쉽지 않다. 2024학년도 수능에서도 '킬러문제'가 제외되어 쉬운 수능으로 출제될 것으로 예상했으나 국어, 수학, 영어 모든 영역에서 전례없이 어렵게 출제되어 학생들이 초조한 마음을 숨기지 못했다.

학종활동 자기관리 기록지 ❶   11월 1 주   (월 일 ~ 월 일)

분야	내용	구체적 활동 내용				
교과 수업 (공통 과목/ 일반 선택 과목/ 진로 선택 과목)	세부 활동 내용 (주요 교과 포함 전 교과)	활동내용	A/B/C/D/E	활동내용	A/B/C/D/E	
		성적의 성취도	A/B/C/D/E	전공관련 과목이수	A/B/C/D/E	
		성적 향상정도	A/B/C/D/E	학습위계 정도	A/B/C/D/E	
		교과활동 충실도	A/B/C/D/E	이수교과의 학업성취	A/B/C/D/E	
		활동의 일관성	A/B/C/D/E	교과활동 충실도	A/B/C/D/E	
		다른교과와 연계	A/B/C/D/E	학년별 심화·확장	A/B/C/D/E	
	발표	주제		내용		
		주장		해결책 제시		
	토론	주제		쟁점		
		질문		자신의 주장		
		반론		대안 제시		

학종활동 자기관리 기록지 ❷   11월 1 주   (월   일 ~   월   일)

세부활동 내용	1회	2회	3회	세부활동 내용	1회	2회	3회	세부활동 내용	1회	2회	3회
정리설명				문제제기				개선안 제안			
비교설명				개선촉구				문제점 제시			
PPT발표				보고서 작성				해결책 제시			
진로연결				다른시각 제시				지식의 실생활활용			
정책제시				비판적 질문				연계적 질문			
과제물 완성				협력 글쓰기				사례적용			
논리적 반박				자료활동				비교분석			
개선촉구				서평쓰기				반론제기			
관심확장				질문생성				교과융합			
조사활동				탐구활동				심화활동			
관점표명				내용비교				실험 설계수행			

학종활동 자기관리 기록지 ❸　　11월 1 주　　(　월　　일 ~ 　월　　일)

분야	내용	구체적 활동내용		
독서	독서 동기		진로/학업 연관성	
	지식 확장		교과/진로 심화독서	
탐구 보고서	탐구 이유		탐구주제	
	연관 교과		제언 및 후속탐구	
창체 활동	활동 내용		학업/진로 연계활동	
	심화 탐구		활동의 연관성	
공동체 역량	경청/ 공감		정보와 생각전달	
	협업		계획실행 주도경험	

학종활동 자기관리 기록지 ❶   11월 2 주   (월 일~ 월 일)

분야	내용	구체적 활동 내용				
교과 수업 (공통 과목/ 일반 선택 과목/ 진로 선택 과목)	세부 활동 내용 (주요 교과 포함 전 교과)	활동내용	A/B/C/D/E	활동내용		A/B/C/D/E
		성적의 성취도	A/B/C/D/E	전공관련 과목이수		A/B/C/D/E
		성적 향상정도	A/B/C/D/E	학습위계 정도		A/B/C/D/E
		교과활동 충실도	A/B/C/D/E	이수교과의 학업성취		A/B/C/D/E
		활동의 일관성	A/B/C/D/E	교과활동 충실도		A/B/C/D/E
		다른교과와 연계	A/B/C/D/E	학년별 심화·확장		A/B/C/D/E
	발표	주제		내용		
		주장		해결책 제시		
	토론	주제		쟁점		
		질문		자신의 주장		
		반론		대안 제시		

학종활동 자기관리 기록지 ❷   11월 2 주   (월 일~ 월 일)

세부활동 내용	1회	2회	3회	세부활동 내용	1회	2회	3회	세부활동 내용	1회	2회	3회
정리설명				문제제기				개선안 제안			
비교설명				개선촉구				문제점 제시			
PPT발표				보고서 작성				해결책 제시			
진로연결				다른시각 제시				지식의 실생활활용			
정책제시				비판적 질문				연계적 질문			
과제물 완성				협력 글쓰기				사례적용			
논리적 반박				자료활동				비교분석			
개선촉구				서평쓰기				반론제기			
관심확장				질문생성				교과융합			
조사활동				탐구활동				심화활동			
관점표명				내용비교				실험 설계수행			

학종활동 자기관리 기록지 ❸

11월
_2_ 주   (　월　 일~ 　월 　일)

분야	내용	구체적 활동내용		
독서	독서 동기		진로/학업 연관성	
	지식 확장		교과/진로 심화독서	
탐구 보고서	탐구 이유		탐구주제	
	연관 교과		제언 및 후속탐구	
창체 활동	활동 내용		학업/진로 연계활동	
	심화 탐구		활동의 연관성	
공동체 역량	경청/ 공감		정보와 생각전달	
	협업		계획실행 주도경험	

학종활동 자기관리 기록지 ❶　11월 **3주** （　월　일～　월　일）

분야	내용	구체적 활동 내용				
교과수업(공통과목/일반선택과목/진로선택과목)	세부활동내용(주요교과포함전교과)	활동내용	A/B/C/D/E	활동내용	A/B/C/D/E	
		성적의 성취도	A/B/C/D/E	전공관련 과목이수	A/B/C/D/E	
		성적 향상정도	A/B/C/D/E	학습위계 정도	A/B/C/D/E	
		교과활동 충실도	A/B/C/D/E	이수교과의 학업성취	A/B/C/D/E	
		활동의 일관성	A/B/C/D/E	교과활동 충실도	A/B/C/D/E	
		다른교과와 연계	A/B/C/D/E	학년별 심화·확장	A/B/C/D/E	
	발표	주제		내용		
		주장		해결책 제시		
	토론	주제		쟁점		
		질문		자신의 주장		
		반론		대안 제시		

학종활동 자기관리 기록지 ❷ 11월 3 주 (월 일 ~ 월 일)

세부활동 내용	1회	2회	3회	세부활동 내용	1회	2회	3회	세부활동 내용	1회	2회	3회
정리설명				문제제기				개선안 제안			
비교설명				개선촉구				문제점 제시			
PPT발표				보고서 작성				해결책 제시			
진로연결				다른시각 제시				지식의 실생활활용			
정책제시				비판적 질문				연계적 질문			
과제물 완성				협력 글쓰기				사례적용			
논리적 반박				자료활동				비교분석			
개선촉구				서평쓰기				반론제기			
관심확장				질문생성				교과융합			
조사활동				탐구활동				심화활동			
관점표명				내용비교				실험 설계수행			

학종활동 자기관리 기록지 ❸   11월 _3_주   (월 일~ 월 일)

분야	내용	구체적 활동내용		
독서	독서 동기		진로/학업 연관성	
	지식 확장		교과/진로 심화독서	
탐구 보고서	탐구 이유		탐구주제	
	연관 교과		제언 및 후속탐구	
창체 활동	활동 내용		학업/진로 연계활동	
	심화 탐구		활동의 연관성	
공동체 역량	경청/ 공감		정보와 생각전달	
	협업		계획실행 주도경험	

학종활동 자기관리 기록지 **1**

11월
__4__ 주 (월 일 ~ 월 일)

분야	내용	구체적 활동 내용				
교과 수업 (공통과목/ 일반선택 과목/ 진로선택 과목)	세부 활동 내용 (주요 교과 포함 전 교과)	활동내용	A/B/C/D/E	활동내용	A/B/C/D/E	
		성적의 성취도	A/B/C/D/E	전공관련 과목이수	A/B/C/D/E	
		성적 향상정도	A/B/C/D/E	학습위계 정도	A/B/C/D/E	
		교과활동 충실도	A/B/C/D/E	이수교과의 학업성취	A/B/C/D/E	
		활동의 일관성	A/B/C/D/E	교과활동 충실도	A/B/C/D/E	
		다른교과와 연계	A/B/C/D/E	학년별 심화·확장	A/B/C/D/E	
	발표	주제		내용		
		주장		해결책 제시		
	토론	주제		쟁점		
		질문		자신의 주장		
		반론		대안 제시		

학종활동 자기관리 기록지 ❷   11월 4 주   (월 일~ 월 일)

세부활동 내용	1회	2회	3회	세부활동 내용	1회	2회	3회	세부활동 내용	1회	2회	3회
정리설명				문제제기				개선안 제안			
비교설명				개선촉구				문제점 제시			
PPT발표				보고서 작성				해결책 제시			
진로연결				다른시각 제시				지식의 실생활활용			
정책제시				비판적 질문				연계적 질문			
과제물 완성				협력 글쓰기				사례적용			
논리적 반박				자료활동				비교분석			
개선촉구				서평쓰기				반론제기			
관심확장				질문생성				교과융합			
조사활동				탐구활동				심화활동			
관점표명				내용비교				실험 설계수행			

학종활동 자기관리 기록지 ❸　11월 _4_ 주　(　월　일~　월　일)

분야	내용	구체적 활동내용		
독서	독서 동기		진로/학업 연관성	
	지식 확장		교과/진로 심화독서	
탐구 보고서	탐구 이유		탐구주제	
	연관 교과		제언 및 후속탐구	
창체 활동	활동 내용		학업/진로 연계활동	
	심화 탐구		활동의 연관성	
공동체 역량	경청/ 공감		정보와 생각전달	
	협업		계획실행 주도경험	

정시 입시자료 활용법

학종에 집중한다고 하더라도 수능을 무시할 수는 없다. 수능최저학력기준을 충족하여 한 단계라도 수준 있는 대학에 지원하고자 하는 욕구가 모든 학생에게 내재되어 있다.

수능에 임할 때 쉬운 수능이라 수능최저를 충분히 충족시키리라는 기대를 가지고 있는 것도 사실이다. 하지만 '불수능 물수능'을 섣불리 예단하는 것은 쉽지 않다. 2024학년도 수능에서도 '킬러문제'가 제외되어 쉬운 수능으로 출제될 것으로 예상했으나 국어, 수학, 영어 모든 영역에서 전례없이 어렵게 출제되어 학생들이 초조한 마음을 숨기지 못했다.

수능을 보고 성적표를 받게 되면 정시를 대비할 자세를 갖추어야 하는 것이 현실이 된다. 다양한 정시자료를 수집하여 정시전략을 세우는 것이 급선무가 될 정도로 발등에 불이 떨어지게 된다.

하지만 모든 일을 부정적으로 볼 일만은 아니다. 불수능 여파로 대학별로 수시 이월 인원이 상당히 늘어나는 것도 사실이다. 수시 이월 인원이 많아지면 그만큼 학과 경쟁률도 떨어질 수 있기에 불안감에서 다소 벗어날 근거가 될 수 있다.

대입설명회 활용법

수능 성적표 배포가 끝나면 대입설명회가 봇물 터지듯 이어진다. 각 시도교육청 주관 입시설명회나 대교협 박람회가 있고, 대학별 설명회가 있다. 또한 고교 주관 입시설명회와 지자체 설명회가 줄을 잇는다. 사교육 기관 이상의 입시 분석력으로 정평이 나 있는 서울교육연구정보원 등의 공교육 설명회도 놓쳐서는 안 될 기회이다.

실채점 발표 이후 열리는 설명회이기에 다양한 정보를 수집하여 적극적으로 활용하여 지원전략을 수립하는 것이 유용하다. 하지만 이러한 모든 설명회에 모두 참석할 수 없고 그럴 필요도 없다.

이러한 설명회에서는 수능 결과 분석부터 주요 대학 지원전략, 정시 합격선, 정시 변수 등을 안내한다. 또한 사교육 입시설명회에서는 참석자들에게 무료로 배치표를 제공하고 서울교육연구정보원에서는 정시 전략을 위해 활용할 수 있는 자료를 제공하기에 활용가치가 높다.

하지만 주최기관별로 중점을 두는 부분이 다르기에 각각의 특징을 파악하고 선별해서 수능 전략을 세우는 것이 좋다. 기본적으로 사교육 기관은 배치표를 제공하지만, 공교육 기관은 서열화를 지양한다는 취지로 배치표를 배포하지 않는 차이를 발견할 수 있다.

사교육 입시설명회에서는 대학별 합격점수 예측, 지난해와 달라진 점수분포 및 대학별 유불리 상황 변화분석, 대학별 환산식에 따른 과목간 최저 지원 가능 추정선, 과목간 표준점수 차이에 따른 이과/문과 교차지원, 지난해 비교 분석과 금년도 교차지원 유불리 판단, '의치한수약대' 합격선 변화, 반도체, 첨단학과, 대기업 계약학과, 신설학과 등 집중 육성정책 학과 합격선, 가/나/다군별 점수대별 정시 선택전략, 추가합격으로 인한 합격선 변동폭 등의 광범위한 정보를 공개한다.

옥석을 가리는 정보 활용

사교육에서 제시하는 배치표는 입시기관마다 차이가 나고 편차도 크다. 또한 대학마다 영역별 반영비율이 달라 반영비율이 동일한 배치표가 정확할 수는 없다. 그렇기에 수험생들은 하나의 배치표만 활용하지 말고 여러 개의 배치표를 참조하는 것이 좋다. 본인이 지원하려는 학과의 예상 점수가 가장 높은 곳과 가장 낮은 곳을 비교하여 상향, 안정, 소신지원을 적용하는 것도 타당한 방법이 될 수 있다.

공교육 설명회에서는 2025학년도 수능 결과 분석 및 정시모집의 특징과 이해, 2025학년도 대입 정시모집 맞춤형 지원전략, 조기취업형 계약학과와 특성화학과 전형분석과 준비 등의 내용을 설명하고 있는 자료집을 기반으로 안내하고 있다.

설명회에 참석하지 못한 경우 설명회 영상과 자료집이 서울진로진학정보센터 홈페이지에 공개되므로 도움을 받을 수 있다. 또한 대면 상담도 받을 수가 있는데, 서울청 대학진학지도지원단 소속교사와 무료로 상담이 진행된다.

한 가지 유의할 점은 첨단학과와 관련된 홍보가 전략적으로 주류를 이루고 있다. 이러한 학과들은 첫해에는 홍보를 많이 해 경쟁률이 높아지기도 한다. 하지만 다음 해에는 주춤한 경향을 보이기에 이를 고려한 소신 있는 지원이 필요하다.

또한 상위권의 경우에는 이러한 대중적인 설명에서는 얻을 수 있는 정보가 제한적이다. 좀더 깊이 있는 정보를 얻기 위해서는 권위 있는 전문가의 개별 상담을 통해서 전형의 특성에 맞춰 자신의 장점과 약점을 확인하고 결정하는 것이 필수적이다.

1, 2학년이 더욱 유념해야 할 것은

선생님과의 유대감

1, 2학년들은 11월, 12월까지 과목 수업에 집중하는 것이 매우 중요하다. 학종에서 합불을 좌우하는 세특은 결국 선생님이 적어주기 때문이다. 선생님과 꾸준히 소통하고 교류하는 자세가 학종의 경쟁력을 탄탄히 할 수 있다는 것을 잊어서는 안 된다.

중간고사가 끝나고 여유가 있을 때 알아보고 싶었던 내용을 심화탐구하고 그 과정을 보고서 등으로 선생님에게 정리해서 제출하는 것이 중요하다. 그 과목에서의 관심과 열정을 충분히 보여드릴 때 세특이 충실하게 기록될 수 있다.

결국 비슷한 활동을 하더라도 학교 활동에 적극적으로 참여해 성실성을 보여주는 것이 긍정적으로 작용한다. 어느 활동이라도 소홀히 하지 않고 꼼꼼하고 구체적으로 챙기는 것이 특색 있는 세특을 만들어 갈 수 있는 기반이 된다.

보고서가 합격의 진위를

진로 시간에서도 관심 있는 과목에 대한 탐구와 노력을 보여줄 수 있다. 이러한 관심은 면접 과정에서 질문을 받을 수 있다. 자신이 관심을 갖고 정리했던 내용은 확신 있게 대답할 수 있다.

바쁘신 선생님들이 학생들의 탐구 활동에 결과서인 보고서를 꼼꼼히 읽기 어려운 부분이 있다. 그렇기에 본인이 어필하고 싶은 부분을 정확히 문서로 정리하면 훨씬 좋다. 보고서마다 활동 개요, 동기, 느낀 점을 정리한 요약본을 첨부하면 선생님이 한눈에 알아보기 쉽다.

학생들의 면접수기를 정리하다보면 이러한 부분이 합격의 진위를 결정지었다고 판단하게 된다. 동아리든 진로든 다양한 활동을 하면서 내면화시킨다면 학종에서 요구되는 역량으로 직결된다는 것을 유념해야 한다.

사소한 호기심에서 심화역량으로

학종은 진로와 관련된 활동이 중시된다. 하지만 장래의 진로라는 것이 거창한 것이 아니다. 교과 활동을 하는 동안 일어나는 사소한 호기심에서 시작할 수도 있다.

교과 수업 시간에 선생님이 설명해주는 내용에 집중하다보면 흥미가 생길 수 있다. 이러한 내용에 더욱 관심을 가지고 탐구하다보니 진로로 연결되고 진학까지 이어지기도 한다.

단지 전공 적합성을 보여주기 위해 억지스럽게 연결 짓는 것은 바람직하지 않다. 설득력이 부족하거나 뻔한 주제로 일관하는 경우에는 눈길을 끌지 못한다. 기본 개념을 여러 가지 방법으로 증명하는 과정을 보여주는 것도 좋다. 더욱이 유사개념을 분석하는 방법은 심화역량을 보여주는데 설득력이 있다.

수업과 독서의 연계

독서를 하고 느낀 점을 기록하는 것은 보편적으로 행해지는 활동이다. 한 걸음 더 나아가 연계된 독서를 하고 자신의 시각에서 분석해보는 것도 도움이 된다. 즉 요점정리를 하고 관점 비교를 하면서 교과서에서 배운 내용을 연계하는 것이 높이 평가될 수 있다.

　책을 읽은 후의 느낀 점이나 책을 읽으며 생긴 의문점을 활용하여 보고서를 작성하는 것도 높이 평가된다. 심화 활동으로 다른 도서를 찾아보는 등 다양한 연계 활동을 진행한다면 높게 평가를 받게 된다.

　명심해야 할 것은 억지로 진로와 엮지 말아야 한다는 것이다. 관련성이 떨어지는데 억지로 엮는 것보다는 그 과목에 대한 심화 탐구 내용이 더 매력적으로 보인다는 것을 인식할 필요가 있다.

학종**합격**일지

불리한 내신을 극복하고
학종으로 합격하는 방법

1판 1쇄 발행   2024년 2월 29일

지은이   김혜남
발행인   최봉규

발행처   지상사(청홍)
등록번호   제2017-000075호
등록일자   2002. 8. 23.
주소   서울 용산구 효창원로64길 6(효창동) 일진빌딩 2층
우편번호   04317
전화번호   02)3453-6111 팩시밀리   02)3452-1440
홈페이지   www.jisangsa.com
이메일   c0583@naver.com

한국어판 출판권 ⓒ 지상사(청홍), 2024
ISBN   978-89-6502-010-3   13370